働く！「これで生きる」50人

共同通信社 編

女性法医学者／チャプレン／手話バー店長／僧侶／小児外科
／ライター兼神職／医療ソーシャルワーカー／新進陶芸作家
歌舞伎役者／ねぶた師／…トラ代表／西陣織の職
／映画監督兼館主／老舗こうじ店女将／研究者／非常勤講師
物理学者／ＪＡＸＡフライトディレクター／エンジニア
無料の学習教室代表／女性ハンター／五つの仕事／マングー
バスターズ／エコツアーガイド／移動販売／自然観察指導員
離島経済新聞編集長／仕事旅行社／鉄道の方言ガイド／農産
の直販／アコーディオン歌手／ホペイロ／地方競馬の予想屋
海底炭鉱坑内員／鯨捕り／犬ぞり探検家／Ｉターン漁師／海
駐在員／棚田のコメ作り／百貨店店長／若手起業家／レスト
ンシェフ／スタイリスト／信用組合支店長／原発作業員／Ｉ
拠点経営者／酒蔵の経営者／弁護士／政策投資銀行員／助産

目次

第5章 ユニークな職の世界

第6章 自然との闘い

第7章 天職に出合う

第8章 大震災と原発事故

まえがき

生きる糧を得るために、大方の人は働く。

当たり前だが、働くことは楽ではない。希望通りの仕事を得るのは難しいし、働いていると予期せぬことがいろいろ起こってストレスにまみれ、辞めたくなったりする。

人はなぜその仕事を始め、何を思って日々働いているのだろう。裏の苦労や仕事観を取材し、普段は目に見えない市井の人々の肉声を描いてみたい。さらに希望や生きる力につながる「共感」を届けたい――。共同通信社編集委員室の50代の記者4人が幾度も話し合い、1年間の連載企画「これで生きる」の輪郭が決まった。この本は、2013年に、共同通信社が全国の加盟新聞社に配信したこの連載全50話を基にしている。

企画の根底には「他者への想像力が欠けた社会は、住み心地が悪いのではないか」という問題意識がある。生活に追われて孤立しがちな現代人に、多様な人の多彩な働きぶりを紹介することで生き方の選択肢を広げるきっかけになれば、と考えた。

全国にいる共同通信社の記者に向けて「興味を引かれる人に密着取材して『読ませる人物記事』を書いて」と投げかけた。伝統的な職人から最先端の仕事まで、驚くほどたくさんの応募があった。一線の記者、カメラマンだけでなく管理職からも手が上がり、続々と候補が集まってきた。

これまでの経験から、記者の反応が大きい企画は成功する。編集委員室としては喜んだが、年齢、性別、職種、地域などに偏りがないよう調整する必要がある。通り一遍の感動物語は避けたい。ごく普通の職業も取り上げよう。「心を動かす何か」を提供できるか。50回を読み通したとき、今の日本のある実相を浮かび上がらせたい……。候補者リストを眺めながら、目標は高まっていった。

当然の責務とはいえ、企画の趣旨にかなう人を探し出し、記事にすることを承諾してもらい、場合によっては公にしたくないつらい経験を聞き出して、飽きずに読んでもらえる記事に仕上げるという作業は、時間と手間がかかる。だが、通常は記事にしにくい人物をじっくりと取材する体験は、個々の記者にとって新鮮で貴重だ。自らの生き方を思わず問い直すような貴重な話を、各地で聞かせてもらえた。

表向きはバリバリと活躍している人でも、薄い皮膚の1枚下にさまざまな悲しみや憤まんを抱えている。取材の過程で、赤の他人である記者の前で涙した人もいた。そのカメラマンにしか撮影を許さないと言われ、写真の特ダネが生まれたこともあった。

書き手の思い入れの深さは、記事に如実に表れる。新聞で掲載が始まると「一人の人物をさまざまな側面からじっくり描き出しており、読みごたえがある」などの声が相次いで寄せられた。掲載紙は見る間に30紙を超えた。

連載を終えた今、若者をはじめとして働く環境はますます厳しくなっている。今回の出版でより多くの読者に読んでいただける機会ができてうれしい。納得する働き方を模索している人々のヒントになる話が一つでもあれば、もっとうれしい。この企画に登場し、率直に心情を語ってくださった方々に心から感謝します。

（本文の敬称は略し、年齢や肩書は掲載時のまま収録したことをお断りします）

共同通信社京都支局長（前編集委員室次長）　緒方伸一

第1章 命に向き合う

女性法医学者／チャプレン／手話バー店長／僧侶／
小児外科医／ライター兼神職／医療ソーシャルワーカー

死者の尊厳守りたい

捜査支え、解剖の日々
孤独死、虐待……社会映す

文・志田　勉
写真・堀　誠

天井の蛍光灯が反射してメスが白く光る。開始の合図はない。大理石の台に横たわった遺体が、首から腹部まで一気に切り開かれた。

北海道旭川市の旭川医科大法医解剖室。法医学教室教授清水恵子《しみずけいこ》(50)が執刀する司法解剖は淡々と進む。事件性の有無を見極める作業は、1時間で終わった。

「テレビドラマのように犯人を追いかけたりはしないのよ」。マスクを外すと、口元をほころばせた。だが、すぐ真剣な表情に変わる。「公平、中立の立場で捜査機関に助言するのが使命です」

母と恩師

医学科で女性教授は一人だけ。エリートに見られるが「臨床医と比べ地味」と言う。では、なぜこの仕事に……。答えを解く鍵は幼少期にあった。

生後10日目にカトリックの幼児洗礼を受けた。2011年、87歳で亡くなった母せつ子の考えだった。

母は戦時中、東京女子高等師範学校(現お茶の水女子大)の学徒動員で砲弾の信管作りをした。1945年3月の東京大空襲。焼夷弾《しょうい》におびえ、横たわる黒焦げの死体を見ながら逃げる。「生きるとは、死とは何か」。清水は小さいころ、母から繰り返し聞かされた。

小学2年生のとき、リウマチ熱が悪化し、4カ月入院した。幼心に、親身になって治療してくれた女性医師に憧れた。

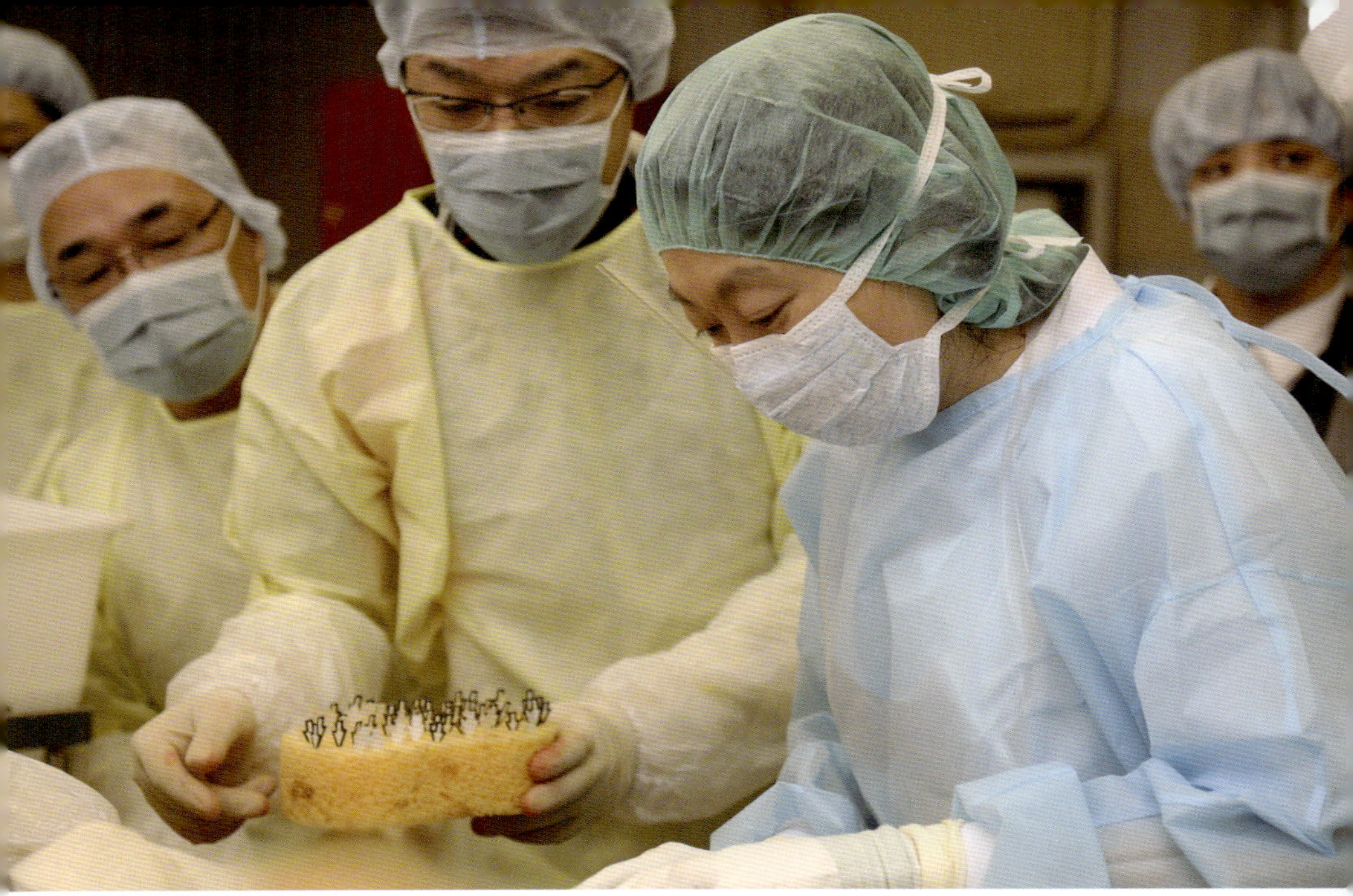

司法解剖をする清水恵子（右）。傍らには証拠写真を撮るための矢印を持った警察官が立ち会う＝北海道旭川市の旭川医科大法医解剖室

旭川医科大5年生で転機が訪れる。当時の法医学教室教授塩野《しおの》寛《ひろし》(70)の講義がきっかけだった。「法医学は死者の尊厳を守る仕事です」。真摯《しんし》な語りが琴線に触れた。「死ぬ日は生まれる日にまさる」。教会の神父から教わった聖書の言葉と重なった。法医学への道を決めた瞬間だった。

涙こらえ

旭川医科大の司法解剖数は年間約240体。そのほとんどに立ち会う。遠く釧路、北見、稚内までカバーする。徹夜で解剖室に立つこともある。「傷が多ければ、解剖時間は長くなります」

解剖数は、ここ15年間で4倍に。殺人が増えたわけではない。自宅で孤独死するお年寄りが多くなったのが主な要因だ。

12年2月、70歳の男性が自宅廊下で、うつぶせになり死亡していた。全身に13カ所の傷。警察は事件の疑いもあるとみて捜査したが、司法解剖の結果は病死だった。

「足腰が弱いと転ぶことが多い。傷も増えるので警察はきちんと調べようと司法解剖を選択します」。急速に進む

女性法医学者

司法解剖された臓器から作られた検査用の標本。顕微鏡で異常の有無を観察する
＝北海道旭川市の旭川医科大

高齢化社会を色濃く反映する。

忘れられない解剖がある。19年前の2月。3歳男児が、同居中の伯父に裸のまま雪の中で虐待され死亡した。お漏らしして謝らないというだけで。母親は留守だった。

頭や顔、胸、腹、背中、腕、脚に皮下出血して青あざになった傷が58カ所。尻には、たばこの火が押しつけられた痕もあった。くっきりした眉、鼻筋の通った顔立ち。「ここで泣いたら、ひんしゅくを買う」と涙を必死にこらえた。

解剖は警察官らとの共同作業でもある。だが「捜査機関の言いなりにはならない」。執刀中、ぼうっと立つ警察官に「真面目にやってください」と怒鳴ることもある。

部下で技能補助員の山田《やまだ》ひろみ(44)は「先生の解剖は丁寧で、きめ細やか。指導は厳しいですが……」と信頼を寄せる。

6歳のとき、両親が離婚。母に育てられた。恩師の塩野が清水の心の内を代弁する。「医学部も警察も男社会。勝ち気でないと生きていけない。立場上、性格を変えている」

寄り添う言葉

清水は、死者の「声」を聞き、捜査機関に伝える。そして冤罪《えんざい》を防ぐ。「一人一人の死を、より良い社会のために生かしたいんです」

北海道警の検視官も一目置く。「捜査員だけでなく、一般の人にとっても大切な人。解剖が終わらない限り、遺族に遺体を引き渡せないから」

実は、決して丈夫ではない。19歳のとき、腰椎分離すべり症で、背骨を手術した。後遺症で脚にしびれが残る。片頭痛の薬も手放せない。

それでも、ボランティアで女子高生(17)の家庭教師もしていた。傷害致死事件で司法解剖した被害者の娘だ。彼女に何かしてあげたい、との思いからだった。

「親に満足に育ててもらえなかったから保育士になりたいと言う。頑張る姿を見ると、私が励まされ、救われる」。目に光るものがあった。

北海道の最高峰、大雪山系旭岳が見渡せる研究室。ノートパソコンに、しおりが貼ってある。

「たいせつなのは、どれだけたくさんのことをしたかではなく、どれだけ心をこめたかです」。貧困や病気で苦しむ人の救済に生涯をささげたマザー・テレサの言葉。温かい手でやさしく肩に触れるように、いつも清水に寄り添っている。

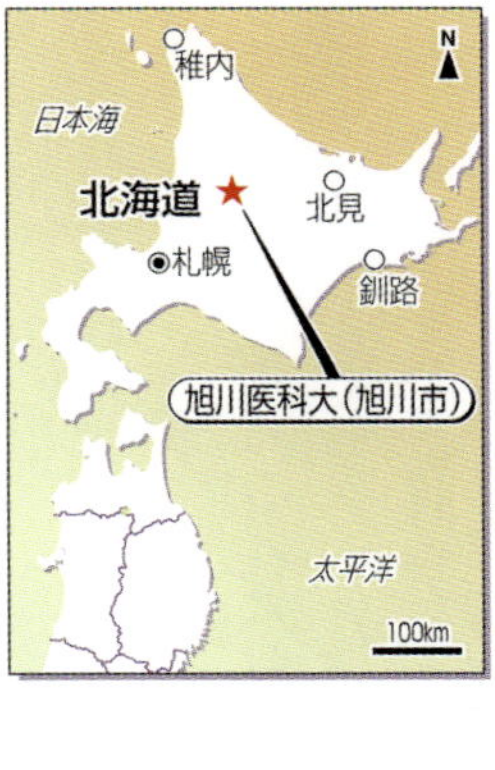

孤独死は推計年1万5000人

孤独死(孤立死)は、社会の高齢化が進むのに伴い、日本各地で表面化している。

民間の研究機関「ニッセイ基礎研究所」は65歳以上の孤独死者数の推計を2011年に公表。東京23区の発生数を基に算出した結果、死後4日以上経過して見つかったのは全国で1万5603人に上るとみている。

女性よりも男性の方が、死亡から発見されるまでの日数が長い傾向にあることも分かった。

しかし、国による全国的な統計がないため、詳しい実態は分かっていないのが現状だ。

内閣府は12年版の高齢社会白書で孤独死を「誰にもみとられることなく息を引き取り、その後、相当期間放置されるような状態」と記しているが、「相当期間」の定義もない。プライバシーとの兼ね合いもあり、情報収集が難しい。

死の恐怖、悲嘆をケア

全身で患者の声を聴く 気持ちの整理手助け

文・西出勇志
写真・堀　誠

「ハイデッガーは……」。静かな室内に絞り出すような男性の声。しばらく沈黙が続き、そして言葉が継がれる。ソファに深く腰掛けた小西《こにし》達也《たつや》(45)は、途切れ途切れのフレーズを全身で受け止めるように真剣な表情で男性と向き合っていた。

仙台市の住宅街。男性は60代前半の元医師で、全身の運動機能が徐々に失われる病気にかかり15年になる。家族の介護を受けながらの自宅生活。発話は明瞭ではないが、中身は驚くほど知的でクリアだ。哲学から医療まで幅広い話題を繰り出し、小西が応答していく。

「こういう会話が、楽しいんですよ」。元医師の明るく弾んだ声に、小西は柔らかな笑みを浮かべた。仕事は心のケア。欧米で「チャプレン」と呼ばれる専門職だ。

本来、施設付きの聖職者を指す。米国では軍隊、消防、学校のほか、大リーグなどでも活動、特に「死」が日常的に飛び込む病院での重要性は広く認識されている。ただ、日本ではほとんど知られていない職業。米国で専門的なチャプレン教育を受けて活動する小西は、極めて珍しい存在だ。

エリート

子どものころから数学や物理が得意だった。早稲田大で制御工学を専攻し大学院修士課程を終えると、総合電機メーカーに就職。デザイン部門で働いてシンクタンクに出向、

元医師の男性（左）の話を聴く小西達也。哲学から医療まで幅広い話題に応答していく＝仙台市

グループ企業全体の経営戦略を練る業務に携わった。「午後11時ごろ、6時間かかるリポートを上司に指示され『明日朝に見るから』。ああ、徹夜しろってことだな、と」。会社を背負う幹部候補生として受けた厳しいエリート教育だった。

仕事は面白かった。ただ、抱き続けてきた哲学への関心が年を経て膨らむ。座禅の実践と哲学研究を続けていたが、ある牧師からチャプレンの仕事について聞き、自分の哲学的関心を社会に生かす職業と直感。ビジネス界を飛び出して渡米、養成プログラムがある西海岸の病院で働き始めた。

帯電

死への恐怖、生きる意味の喪失、大切な人を失った悲嘆……。チャプレンが担うのは患者や家族、スタッフの心のケア。冷凍庫に保管された遺体を取り出して運び、駆け付けた家族に対面させるのも仕事で「ここまでやるのかとびっくりした」。

忘れられない経験がある。ある日の午前、3組の遺族を立て続けにケアした。悲しむ人々を次々と抱き締めたが、途中で記憶が飛び、気付いたら食堂でパンを食べていた。

「一生懸命寄り添おうとしただけだったが、あまりに強い悲嘆の連続に〝帯電〟し、自分の中のブレーカーを落としたのでは」と分析する。

週1回の当直もハードだ。千床以上の大病院だが、夜間のチャプレンは1人。ポケベルで呼ばれて病棟へ向かう。依頼が多いのはER（救命救急）と産科。遺族をケアし、死産した赤ちゃんに手を当てて祈る。小西は仏教、他にユダヤ教、キリスト教のチャプレンがいたが、それぞれの宗教の枠組みを超えて活動し、信仰も押しつけない。

祈りなどの宗教的儀礼も依頼されたときだけで、無神論者を含めてあらゆる人々に対応する。その際、主に用いるのは「スピリチュアルケア」。人生の困難に直面する人の話をじっくりと聞き、その人が自分らしい在り方を見いだしていく過程をサポートする方法だ。

そのためにまず、自分自身を深く知る。内面の動きも含めた自分史、両親との関係を細かく書き出す。さらに患者と交わした会話やその時の気持ちを文字にして徹底的に分析する。自分を見詰めるシビアな訓練を積むこと

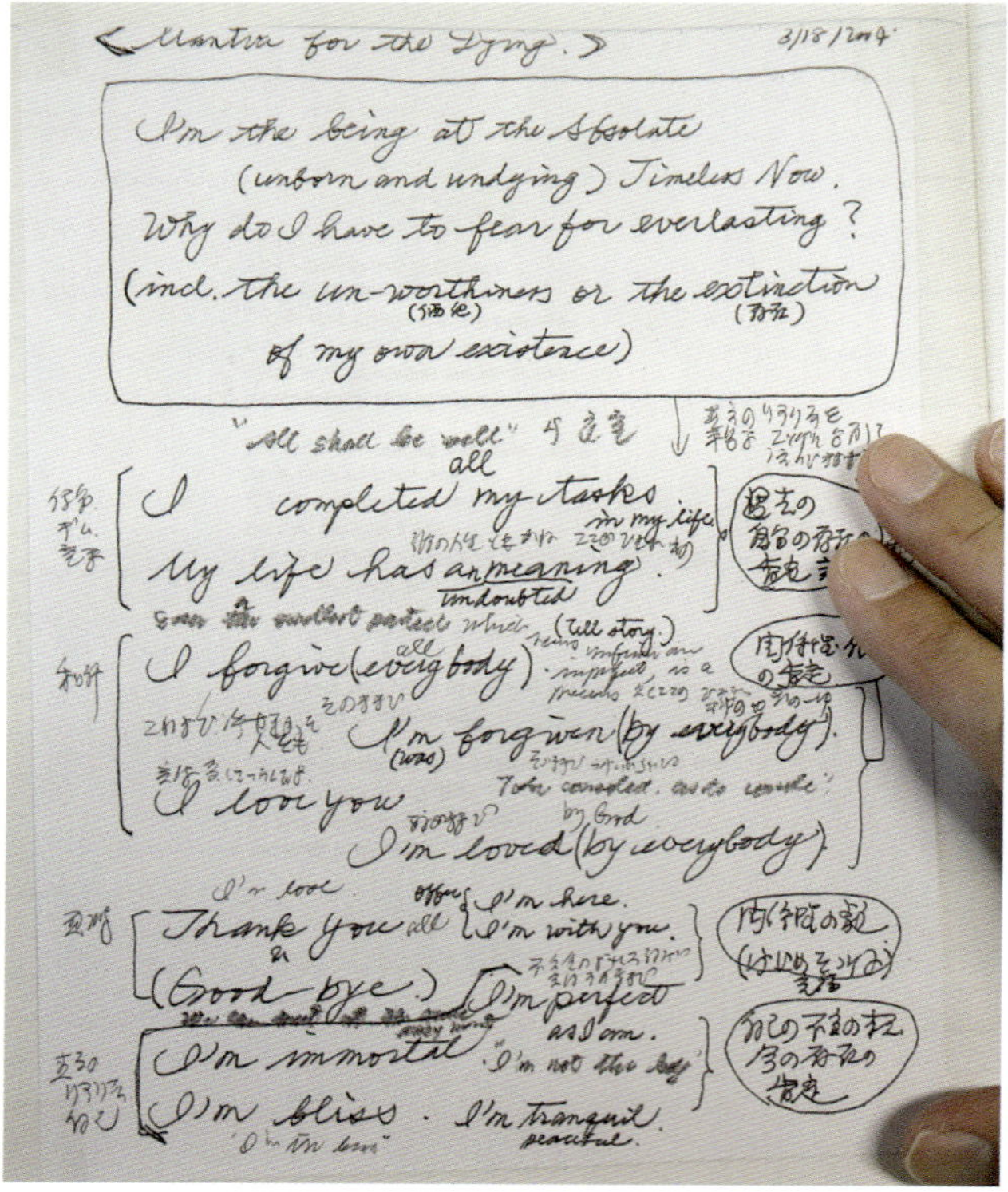

小西達也が米国留学時代に使ったノート。死を前にした人への言葉などが書き留められている

で、見えなかった価値観や偏見が浮き彫りになり、対象者の話をあるがままに聞くことができるようになるという。

教壇へ

さらに学問的基盤を固めたいと、ハーバード大などの大学院で学んで帰国。当初は札幌市内の病院で緩和ケアを受ける終末期患者を主に担当した。小西について、病院側が患者にした説明は「気持ちがつらいときに話を聞いてくださる先生」。

「想定外の病気で、訳が分からないまま入院し、緩和ケアに移った人が多い。その半生の振り返りを手伝うのが大きな仕事」と小西。患者からは「内面を安心して出すことができ、気持ちが整理できた」と言われた。その後、在宅緩和ケアを主に担う宮城県の病院に勤務、仙台市を中心に訪問チャプレンとして1年間働いた。元医師との出会いもそのときだった。

3月末で病院を退職、今春から武蔵野大教授として、看護学専攻も含めた学生に生命倫理や死生学を教え始めた。「患者としてしか見られない病院で、一人の人間としての自分を引き出してくれた」。そう評価してくれた患者の言葉を胸に、新たな気持ちで教壇に立つ。

日本版チャプレン

日本版チャプレン養成の動きが活発化している。東日本大震災を機に東北大に設置された実践宗教学寄付講座は、2012年から「臨床宗教師」の養成を始めた。

布教を目的とせず、傾聴を基本として心のケアに取り組む公共的性格の強い宗教者で、既に研修修了生も出た。仏教教団の協力でつくる全国青少年教化協議会は13年から「臨床仏教師」講座を開始。講義や実習を通し、さまざまな「苦」に寄り添う仏教者を育てる。

両者とも欧米のチャプレン養成プログラムを下敷きに日本社会に調和する人材の育成を目指す。一方、看護や介護職に就く人がスピリチュアルケアを学ぶケースも増加。死生学を専攻する上智大グリーフケア研究所の島薗進《しまぞのすすむ》所長は「心のケアを担う人材は今後ますます求められる」と話した。

手話で客と話す五十嵐大。健常者の客も加わり会話が弾む＝東京・銀座

「会話」で酔わせる

客には健常者も乗り越えた孤立

文・千葉響子
写真・堀　誠

薄暗い店内に、五十嵐《いがらし》大《だい》（31）がグラスの氷をかき混ぜる音が響く。カウンター席に客が並ぶが、会話は聞こえない。東京・銀座の「ベルサイン」。聴覚障害者のバーテンダーと客が手話でやりとりするバーだ。

店長の五十嵐は生まれながらの聴覚障害者で、補聴器なしでは自分の声すら聞き取れない。手話ができない客のためにカウンターには筆談のボードを置き、唇の動きで発言内容を読み取り、声を出して返答する「口話《こうわ》」を使うこともある。人懐こい五十嵐に引かれ、健常者もよく訪れる。

叱責

仕事は体力勝負。つまみや飲み物の仕入れのため、午前11時に自宅を出る。店の掃除をした後に、スーツに着替え、午後7時半に店を開く。

営業中は、常に後輩バーテンダーの動きに目を配る。体調が良くなくても、なじみ客が勧める酒は断れない。会話が弾んで閉店時刻の午前1時を回り、4時ごろまで延長するのも珍しくない。

3月下旬、大阪で酒を飲み過ぎ、路上で寝ていて警察に保護された。聴覚障害者の妻夕架《ゆうか》(30)と小学生の長男昇《のぼる》(8)を養っていけるのか、店長としての職責を全うできるのか。「プレッシャーが限界に達していた」ためだったが、店のオーナー浜田龍男《はまだたつお》(54)から厳しく叱責《しっせき》された。「守らなあかん家族がおるのに、甘ったれるのもいいかげんにせい!」

浜田は健常者で、五十嵐ら7人の聴覚障害者を雇う。「商売の世界で『聞こえない』は言い訳にならない」が信条。だが、従業員に向けるまなざしは温かい。「聞こえない人の世界だけにとどまるのは良くない。もっと成長するためには」

配慮

五十嵐は、幼稚園から21歳で社会人になるまで、聴覚障害者の特別支援学校で過ごした。

中学部までは口話だけを習った。まず、母音の口の形や舌の動きを覚えてから、発声の練習を開始。声は自分では聞こえないので、教員に発音を確認してもらいながら一音一音習得する。「手話を知らない健常者と会話ができるように」という理由で口話が重視されていたから、手話の使用は許されなかった。

だが、口話には弱点がある。「たばこ」と「卵」「ごみ」と「コピー」といった言葉が同じ口の動きになるため、相手の発言を百《パーセント》理解することはできない。唇の動きを読み取るには、集中力の持続が必要で、負担は大きい。

手話バー店長

高等部入学後に手話と出合い、「自分を表現できるのが楽しくて」約2カ月でマスターした。所属の軟式野球部は、特別支援学校の東京都大会で優勝。3年では生徒会長も務めた。夕架と出会ったのもこの頃だ。

その後、専攻科と呼ばれる課程で2年間、パソコン操作を学んだ後、私鉄や携帯電話の会社に勤めた。しかし、自由に自分が出せた学生時代とは全く違った世界が待っていた。

「肝心な時に、コミュニケーションが取れなかったんです」。会社の同僚たちは皆親切で、筆談で仕事の内容を説明し、簡単な手話を覚えてくれた上司もいたが、忙しくなると「聞こえない同僚」への配慮は消えた。

「会議で話されていることが理解できず、仕事の流れも次第につかめな

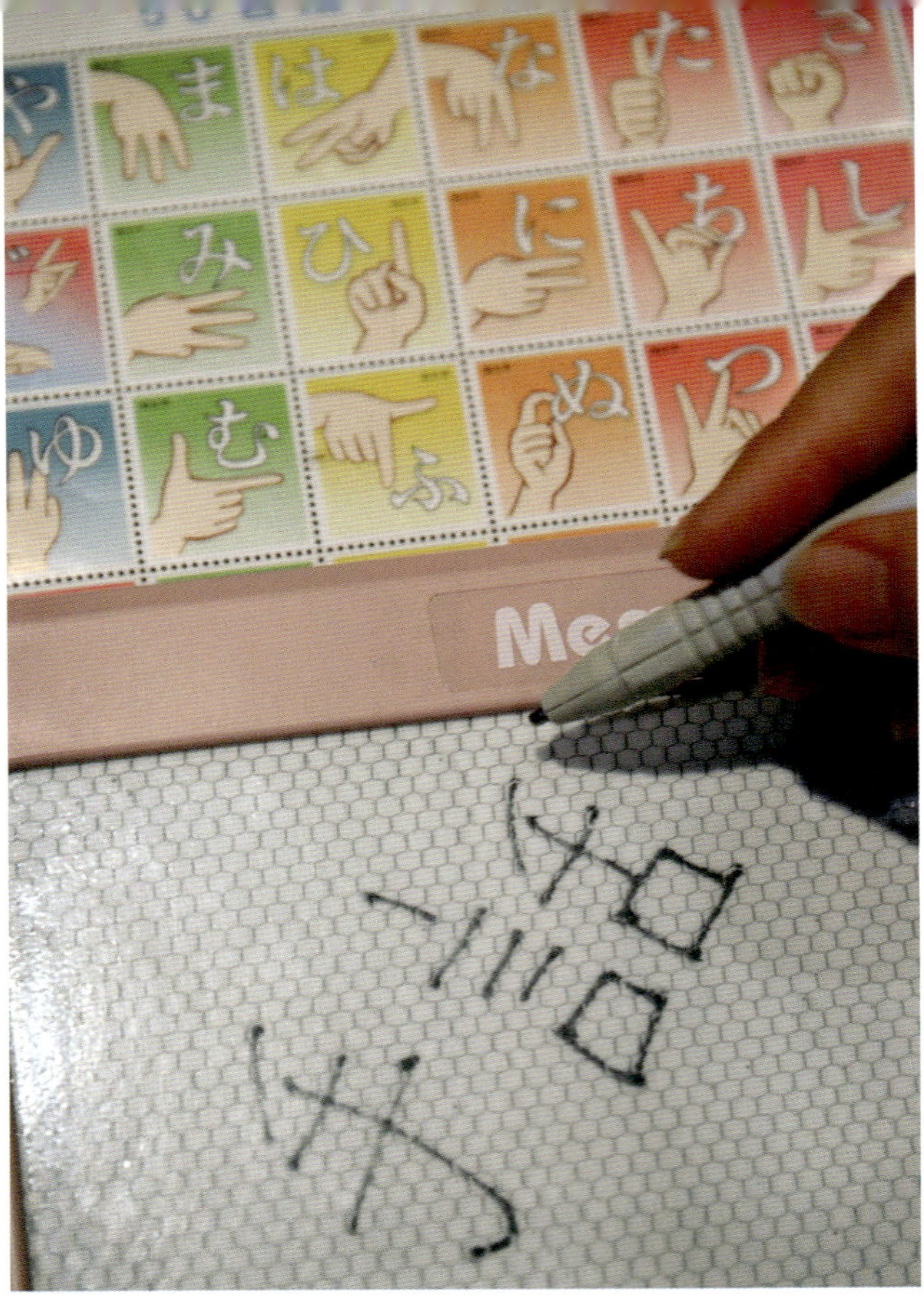

手話ができない客が注文や質問ができるよう、置かれている筆談用のボードや手話シール＝東京・銀座

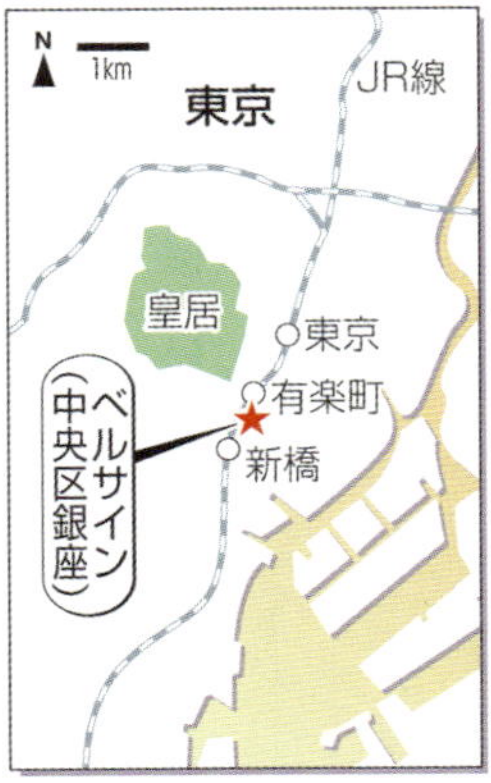

くなっていきました。つらかった」。2年後、うつ病になり退職した。

自信

数カ月後、聴覚障害者の友人に、大阪市で福祉機器販売会社を経営する浜田を紹介された。この会社で働き始めて間もなく、浜田が聴覚障害者を雇用するために立ち上げたベルサインの店長を任された。

バーで働くうち、他人とコミュニケーションを取る喜びと自信を少しずつ取り戻していった。健常者の客とも筆談や口話で積極的に会話するように。「お客さんが笑顔になってくれるのが、一番うれしかった」

携帯電話会社で働いていた時代は、飲み会でみんなが笑っているときも、理由が分からなかった。「空気が読めないやつ」と思われるのが嫌で「何で笑っているの」と聞けず、携帯をいじった。しかし、バーテンダーを経験した今は「分からないことは正直に聞けばいい」と思うようになった。

「五十嵐さんと話しているとほっとします」。聴覚障害がある20代の男性常連客は店の魅力を語る。「手話は聴覚障害者にとって心臓のようなもの。これなしには生きてはいけないんです」

オープンから1年。いったんは背を向けた「聞こえる人たちの世界」と再び向き合う。「耳が聞こえる人も、聞こえない人も、等しく楽しんでもらえる店にする」という目標を胸に、酒と会話で客を酔わせる日々は続く。

身体障害者の労働状況

働く身体障害者は増え続けている。2012年に民間企業で働く障害者は29万1000人と、過去最多を更新したが、雇用環境は厳しく、離職率も高い。

厚生労働省の08年度調査によると、身体障害者の48％は、勤続年数が5年未満。

離職理由は、賃金や労働条件への不満以外では「職場の雰囲気や人間関係」(20％)や「会社の配慮が不十分」(15％)が挙がり、職場環境への適応の難しさがうかがえる。

全日本ろうあ連盟(東京)の小出《こいで》真一郎《しんいちろう》理事は「健常者とのコミュニケーション促進のため、手話通訳者が役所から企業に派遣されることが多いが、企業サイドは内部情報が漏れるとして派遣要請に消極的だ」と指摘。障害者が長期間安定して働くことができ、管理職への昇進の道も開く必要があると訴える。

僧侶

自殺防止の願い手紙に

手書きが伝える温かさ
葬儀社での経験生かす

文・西出勇志
写真・堀　誠

「頭から死が離れない……」。手紙の朗読が終わり、重い沈黙が訪れた。

「ご意見をどうぞ」。よく通る太い声が響く。長い机を囲む約10人の男女が同じ方向に目を向けている。視線の先にあるのは映写された手紙。吉田健一《よしだけんいち》（44）も乱れた文字列をじっと見詰めた。

東京・築地本願寺の一室で開かれた超宗派の有志による「自死・自殺に向き合う僧侶の会」の会合。全国から寄せられる自殺に関する相談に、僧侶が返信する往復書簡の活動を続けている。

この日は受け取った手紙についてみんなで考え、返信内容の議論も行った。ただ、プライバシーには細心の注意を払い、検討の場でも個人が特定される情報は出さない。

真情

吉田は神奈川県平塚市の浄土宗浄信寺住職。返信した手紙には、武骨な文字が並んでいた。飾り気はないが、相談者の体調を気遣う真情が伝わる。

どのような思いで書くのかと問うと、「『こういうときは、こう』とテクニック的に考えません。分析・分類するのではなくケース・バイ・ケースだと思っています」。

活動に関わるようになったのは約5年前だ。「自分には無理だと思ったが、初めて手紙を読んでスイッチが入った。自死という一般的な社会問題が『あなた』と『私』の関係に

「自死・自殺に向き合う僧侶の会」の会合で映写された手紙を見る
吉田健一（右端）＝東京・築地本願寺

なったんです」

吉田の手紙について、往復書簡事務局を担当する東京都港区の曹洞宗正山寺住職の前田宥全《まえだゆうせん》(43)は「決まり事でない、本当に腹から出てきた相談者へのメッセージが込められている」と話す。

「自分がもらったらうれしいと思う、温かな手紙」。そう感想を述べるのは浄土宗僧侶小川有閑《おがわゆうかん》(36)。相談者と対面するのではなく、縁側に2人で座って庭を見ながら「世の中、生きにくいよね」と話す感覚がある、と吉田は小川に語ったという。「実に印象的でした。ここに手紙を温かく感じる理由があるのかもしれません」

吉田は言う。「彼らの苦しみは過去の私の姿であって、未来の私の姿でもあると思います」

寄り添う

祖父は教師をしながら小さな寺の住職に就いていたが、父は跡を継がず、吉田自身も寺とは関係なく育った。大学は経済学部に進学。将来に希望が持てず、疎外感が募る。自宅にこもるか、野宿旅行の日々を過ごした。

そんな時期に祖父に声を掛けられ僧侶の資格を取得。ただ、檀家《だんか》は少なく、他の仕事をしないと生活できない。選んだのは葬儀社勤めだ。「葬式について知ろうと思った。僧侶の仕事と葬式はイコールだと考えていた」と振り返る。

アルバイトで入り社員に。病院への迎え、納棺、葬儀の司会、ひっきりなしに電話が鳴る夜の当直。そこで見たのは死をめぐる生々しい現実だ。

「独居のおばあさんの質素な家に、ぽつんとかわいい人形が置かれていたり、よれよれのTシャツ姿の遺族が介護で疲れ切っていたり。そこからどんな最期を迎えたか、みとったかが見える。しかし僧侶は全てが整ったところでやってくる」

葬儀社勤務時代、夫を亡くした女性からこう聞かれた。

「私の主人、天国に行けたのかしら」

「こんなときに僧侶はよく『仏教では天国とは言わない』と否定から入る。そんな話は本質ではない」。吉田は語気を強めた。「まず受け止めてほしいはず。その人の持っている死生観に寄り添えば、きっと教義とも共有できる『物語』がある。そのように努めるのが宗教家の役割」。10年近く葬儀社で働いた。そこで知った多くの出会いや事実が、

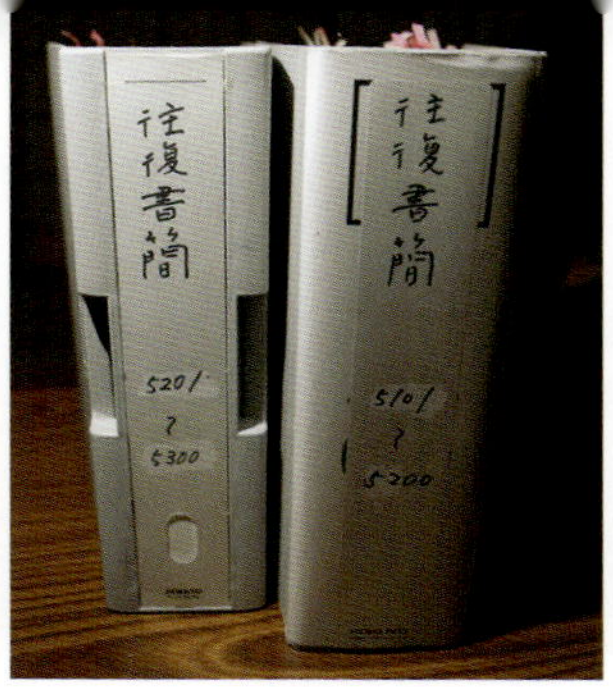

相談者から寄せられた往復書簡のファイル。古いものは定期的におたき上げしている＝東京都港区

僧侶として衣を着る覚悟を養った。

取り次ぐ

「遺族はひとくくりにできない」と吉田。夫が自殺した場合、「なぜ気付かなかったか」と妻は親族から責められるケースがある。「針のむしろです。子どもたちも母親を気遣い、悲嘆を表現できずに我慢してしまう」

会の活動にとって、悲嘆を表現できない「自死遺族」への対応は大きな柱だ。遺族同士の分かち合いの会や「自死者追悼法要」も営んでいる。

「子どもを亡くした人に『よく頑張っているねえ、強いねえ』という人がいるが、働いて苦しさを紛らそうとしているのに、と遺族は口を閉ざしてしまう」。吉田はそれを、プールで潜水しながら泳ぐつらさに例えた。「『顔を出してもいいよ』って場所があれば、その人は進んでいける」

これは宗教的な空間でしか実現できない、と吉田は思う。「たとえお経は分からなくても、その聴き慣れない音の連なりの中で、ぼうっと安心して、愛する人を思っていられる場も必要です。仏様と遺族の間に私たちが座っているのは、まさにこの思いを取り次ぐためなのです」

全国から月に60通

日本の自殺者数は2012年、15年ぶりに3万人を下回ったが、依然高い数字が続く。さまざまな団体が電話相談などに取り組む中、「自死・自殺に向き合う僧侶の会」には月平均60通の手紙が全国から届く。書簡のやりとりを重ねる人も多く、07年の設立から総数は5000通を超えた。

事務局担当の前田宥全住職が手紙をデータ化し、パスワード付きの電子メールとしてメンバーに送る。1人が返信を担当し手紙を書くが、3人が一組になって文案を検討した上、担当の僧侶が清書して出す仕組みだ。

「生きたいと思うからこそ書く。だから『生きてほしい。一人で悩まないで』との思いを込めて手書きで返信しています」。僧侶から届いた手紙を持ち歩く人も。寄せられた書簡は定期的におたき上げしている。

受付は、郵便番号108-0073、東京都港区三田4-8-20、往復書簡事務局。

小児外科医

停電の中、懸命の手術

無償で医療を届ける　ミャンマーの病院拠点に

文と写真・播磨宏子

心電図のモニターが「ピッピッピッ……」と心拍音を刻む手術室。突然、停電が起きて暗闇になったが、女性看護師は慌てずに懐中電灯をつける。その小さな明かりを頼りに、小児外科医吉岡秀人《よしおかひでと》（48）は、懸命に少年の手術を続けた。

慰霊

ミャンマー中部のザガイン。寺院が多く尼僧の姿が目立つこの町のイラワジ川沿いにワッチェ慈善病院は立つ。ある僧侶が二十数年前、貧しい人々のために建てた地上3階、地下1階の病院だ。

吉岡が率いる国際医療支援団体ジャパンハートは同病院を拠点として活動する。「医療の届かない所に医療を」を理念に、２００４年設立。吉岡や妻で医師の春菜《はるな》ら６人でスタートしたが、今は、日本の医療関係者やボランティアが年間約２００人も訪れ、協力する。

活動費は支援者の寄付金などで賄い、吉岡はじめ日本人スタッフは無償で働いている。これまでに約5万人の患者を受け入れ、1万件以上の手術をしてきた。

「医療を受けられない人たちを助けたいという思いから立ち上げました。日本から手伝いに来る若い人たちには、

人のために働き、感謝される貴重な経験をしてほしい」

吉岡は大阪府吹田市で生まれ育ち、大分医科大（現・大分大医学部）で学んだ。初めてミャンマーを訪れたのは、医師になって4年目の1995年。日本、ミャンマー両国の宗教関係者らが中部の町メティラに建設した戦没者慰霊のパゴタの完成式典に、日本兵の遺族らと出席した。所属していた医療関係NPOの活動の一環だった。

日本に戻ると間もなく、そのNPOからミャンマーに派遣され、メティラ郊外の診療所を拠点に巡回診療を始めた。

近隣のお年寄りたちと話すうち、激戦地だったこの地で、敗走する日本兵にミャンマーの人々が食料や水、寝場所を与えたことを知った。「助けてくれたことを日本人として感謝したい。異国で人の優しさに触れ、彼らも救われたと思います」

2年後、帰国したが、医療器具の不足や技術の未熟さのため手術できなかった患者たちのことを思い、悔やむ。この経験を踏まえ、岡山県の病院勤務などで小児外科医としての技術を磨いた上でジャパンハートを設立、再びミャンマーで医療活動を始めた。

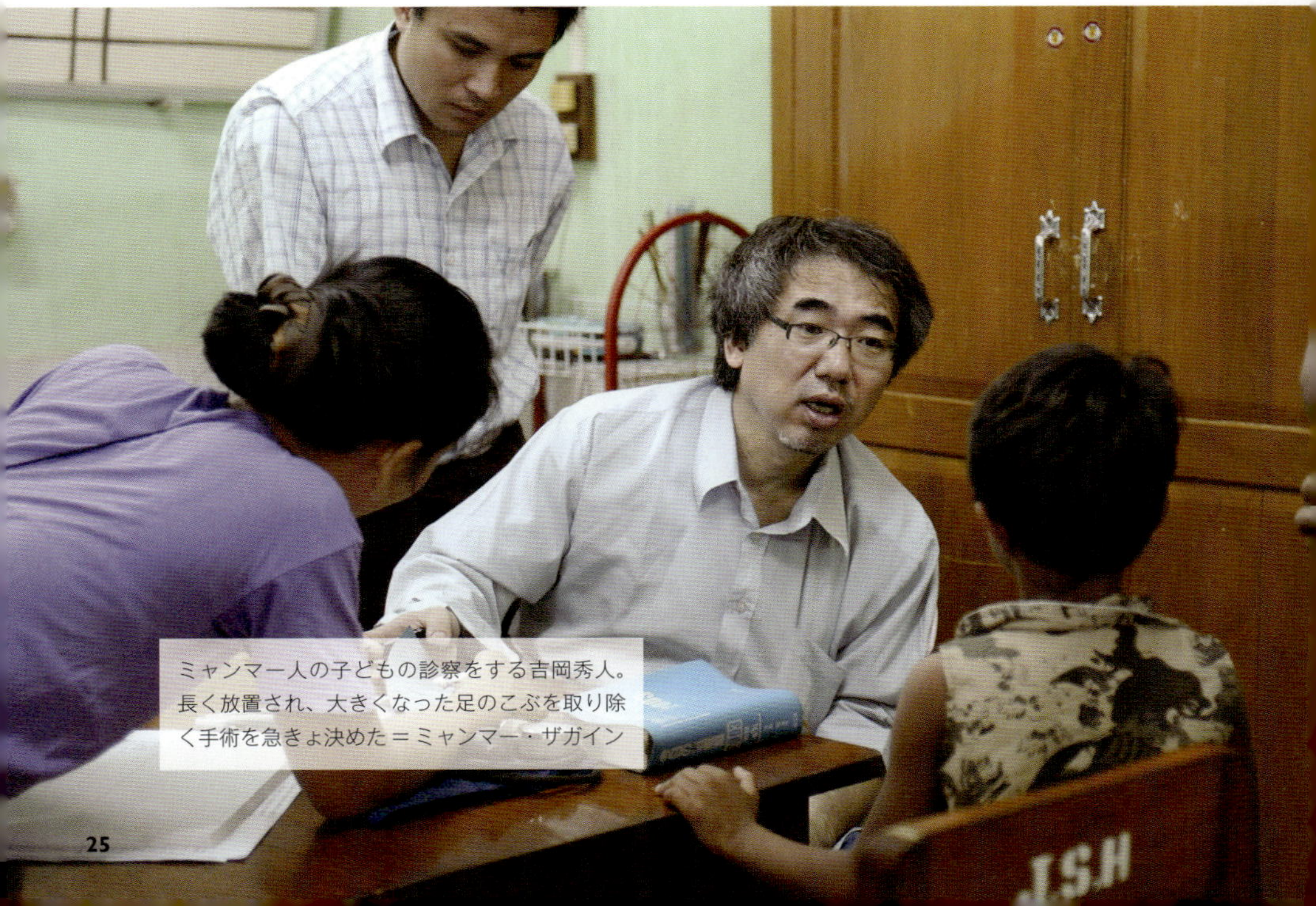

ミャンマー人の子どもの診察をする吉岡秀人。長く放置され、大きくなった足のこぶを取り除く手術を急きょ決めた＝ミャンマー・ザガイン

積み重ね

所得水準が低いミャンマーでは経済的理由で病気やけがを放置するケースが多い。18歳以下は無償で治療する吉岡の元には、国中から患者と家族が集まる。１００あるベッドは常に満床で、次の患者が待機する状態だ。

北部カチン州から来た少年モー・ヘイン・コー（18）は6歳の時、料理用の油で顎《あご》から右肩にかけてやけどを負ったが、放置したため、顔の右半分が体の方に引っ張られ変形してしまった。

停電が多いので全身麻酔はできない。吉岡は、部分麻酔が効いている限られた時間内で、難手術を無事に終えた。

モー・ヘイン・コーは横たわったまま、拝むように両手を顔の前で合わせた。「先生に感謝したい」。工科大学に入り、建築家になるのを夢見る少年に、笑みが戻った。

「治療すると、それまで暗かった子が笑顔になり、人生が少し質の良いものになる。そういう姿を見続けてきた積み重ねが、今の自分をつくっているのだと思います」

サイクロン

２００８年5月、ミャンマーを巨大サイクロンが襲い、南部デルタ地帯に高潮が押し寄せて甚大な被害を出した。国連推計などによると、死者・行方不明者は約14万人、被災者は約２４０万人。

ヤンゴン川河口の町クンジャンゴンのセンピア村では１０７人が死亡、約50人が孤児となった。

吉岡は、この村の孤児の支援を続けている。月に1度、医師が訪れ、ショックで水浴びや会話ができなくなった子どもたちの精神的なカウンセリングを実施。文房具や食料を定期的に届け、自立するまで教育費も出す。

高潮で自宅を流された少女エイ・ティダ・ミョー（16）は、母親が犠牲になり、生き残った弟と寺院で暮らしている。被災後2年間は学校に通えなかったが、雨が降るたびにおびえた日々も徐々に克服。今は支援を受け、教師を目指し

ワッチェ慈善病院近くの市場で食材を選ぶ尼僧たち。付近は寺院が多い土地として知られる＝ミャンマー・ザガイン

て高校で勉強に励む。「たくさんの人が見守ってくれるから頑張れる」と話す。

吉岡は自身を投手になぞらえる。「自分は誰よりもたくさん投げ、勝ちは多かったが、負けも多い。もっと力があれば、より多くの人たちを助けられたのにとも思う」

毎朝、病院のホワイトボードに並ぶ手術リストを確認する。この日の予定は26件。吉岡ら7人の医師が分担する。また長い一日になりそうだ。「ほな、やろか」。大阪弁でこう言うと、患者の待つ手術室へと急いだ。

国際医療協力

日本の国際医療協力は、1980年代初頭のカンボジア難民キャンプでの支援活動をきっかけに広まった。3年間で現地に送り込まれた医療従事者は約470人に上る。

日本の医師や看護師が海外で医療活動をするためには、受け入れる各国の関係省庁の承認が必要となる。国によって規定や条件がさまざまなため、国際協力機構（JICA）や国際医療活動をするNPOが派遣の手続きをするケースが多い。

災害時の緊急支援、保健指導、人材育成など、国際医療協力の分野は多く、医療先進国の日本に対する期待は高い。

厚生労働省は2013年5月、医療国際展開戦略室を設置した。日本の高い医療技術やサービスなどを紹介するとともに、各国のニーズに合わせた最適な国際支援方法を検討する方針だ。

ライター兼神職

春の祭りでおはらいをする川村一代。境内は厳かな雰囲気に包まれる ＝ 高知県本山町

天職は「媒介役」

先祖の縁に導かれて取材に生かす温かな目

文・西出勇志
写真・堀　誠

鳥が鳴き、春の風に木々がざわめいた。木立から漏れる日差しが柔らかい。深い鎮守の森が広がる高知県本山町《もとやまちょう》の神社、若一王子宮《にゃくいちおうじぐう》。吉川高文《よしかわたかふみ》宮司(72)らと共に祭りの神事を終えた権禰宜《ごんねぎ》の川村一代《かわむらかずよ》は、周辺の集落から集まった十数人の氏子総代を前に話し始めた。

「皆さんとの温かな触れ合いが、私の人生の中核にあります。ご先祖、神様という礎があるから、東京でも仕事ができます」。川村が丁寧に頭を下げると、社務所は大きな

拍手に包まれた。
　２００７年から若一王子宮で神職を務める。普段は東京に住み、本山町を訪れるのは、祭りでの奉仕など年に数回だ。彼女にはもう一つ別の顔がある。光文社（東京都文京区）が発行する週刊誌「女性自身」のライターなのである。

旬を追う

大阪市で生まれ育った。子どものころから宝塚歌劇が好きで、高校時代に演劇に打ち込み、女優の道へ。１９８１年に上京、テレビや映画に出演したが、舞台の戯曲を手がけたことをきっかけに「書く」ことの面白さに目覚め、たまたま記者を募集していた「女性自身」に飛び込んだ。キャリアは既に10年を超える。

　普段は東京を中心に走り回り、芸能から女性の生き方や健康法、放射能問題まで、読者が知りたい「旬」なテーマを幅広く追う。中でも「人間に興味がある」という川村が得意とするのはインタビュー取材だ。

　多くの仕事を共にしてきた「女性自身」デスクの梶正宣《かじまさのぶ》（38）は「取材対象者から情感のある話を引き出すのが上手。芸能人もつい本音を話し、インタビュー内容がスクープになったこともある」。神職に就いたことも「仕事への情熱に加え、温かく見守る慈愛の目が生まれたように思う。これがライター業にプラスに働いている」と評価する。なぜ、マスコミで働く女性が神職になったのか。それは先祖にまつわる縁がきっかけだった。

発見

古文書によると、平安時代末期、紀伊半島の熊野から分霊を迎えて現在地に若一王子宮が創建された際、川村の先祖も同行してきた。代々鍛冶職として仕え、鍛冶神をまつっていたが、そのお宮と、祖父母の祖父に当たる高祖父以前の墓が戦後、分からなくなっていた。

　それを見つけたいと願った川村は十数年前、氏子総代の和田千城《わだたてき》（79）に情報を求める手紙を書いた。一面識もなかった和田だったが、山を歩き回って１００年以上前の墓を草むらから見つけ出した。お宮もすぐ近くにあった。

和田は言う。「細い山道を、歩いて上りながら探したら、木の根が持ち上げて傾いた墓石が草の中にあった。起こしてみたら名前があり『よし、これじゃ！』と。本当にびっくりした」

川村が、先祖の関わった若一王子宮と深い縁を結ぶきっかけとなった出来事だった。

ライター生活で川村一代が使っているバッグの中身。ノートパソコン、スマートフォン、レコーダー、名刺入れ、掲載誌や切り抜きなど

「先祖のお宮で祝詞をあげたい」。そんな思いを抱いた。その後、精神的に落ち込んだこともあり、生き直そうと社会人入試で国学院大神道文化学部へ。働きながら大学を卒業、神職資格を取ったことを墓参の際に吉川宮司に報告したところ「権禰宜になってはどうか」と声を掛けられた。「驚き、感謝しました。資格は取っても実際に神職として働けるとは思っていませんでしたから」

以来、ライター生活と権禰宜を両立させる日々が続く。ライターは情報と読者をつなぎ、神職も神と人をつなぐのが役割。いかに忙しくても両立させたい。「媒介役」

が天職なのだと思う。

「彼女は若一王子宮を大事に思ってくれている。その心を大切にしたい」と吉川。川村が来ると、「お帰り」と声を掛ける和田は「お祭りの度に東京から来てくれる。ありがたいこと」と目を細める。神社を中心とした地域共同体のつながりと先祖から自分へと連なる「いのち」を、川村はこの地でかみしめる。

父の葬儀

12年、そんな思いが深まる経験をした。先祖や神様を大切にする気持ちが強かった父温康《はるやす》が82歳で亡くなったのである。抗がん剤治療、在宅緩和ケアを経て、周囲に感謝しながら自宅で穏やかに旅立った。母の希望で、川村は神職として葬儀の神事を務め、妹と連名の会葬礼状にこう書いた。「大好きなパパ、あなたの娘でこの世に誕生させてくれてありがとう」

春の祭りの前日、和田が見つけた墓を吉川と一緒に訪ねた。急カーブをいくつも曲がった先にある小さな墓。辺りはしんとしている。「この墓がなかったら、うちの権禰宜になっていなかったね」と吉川。うなずいた川村は、そっと手を合わせ、高祖父に話しかけた。「お父さんが帰幽(死去)しました。よろしくお願い致します」

神社振興対策

神社本庁(東京都渋谷区)によると、加盟する神社は約7万9000、神職は2011年末現在で2万1793人(女性は3082人)。

高度成長期以降、産業の変化、地方から都市への人口の移動が、各地の神社に大きな影響を及ぼした。同庁は1960年代前半に都市部の団地の調査を行い、60年代後半には過疎地にある神社の実態も調べてきた。

75年からは神社振興対策を強く打ち出し、各県の神社庁と連携、指定の神社を3年間にわたって重点的に支援をするモデル神社制度を設定。その成果を地域や周辺の神社に波及させるのが狙いで、当初は境内整備といったハード面が中心だったが、近年はホームページの充実、神職が地元の歴史を子どもに教えるなど、教化面に絞った活動の促進が中心になっている。

医療ソーシャルワーカー

がん患者に寄り添う

闘病、夫の自殺を力に 死の話題タブー視せず

文・尾原佐和子
写真・萩原達也

大きな窓から柔らかな日の光が降り注ぐ。東京都目黒区の東京共済病院。10階で開かれる「乳がん患者サロン」は、いつも笑いに包まれている。

「『お母さんは長くないかもしれないのよ』と話したときは、びびって言うことを聞いていた子どもたちも最近慣れちゃって」。症状の重い人も参加しているが、深刻な話も明るく話す。

サロンを主宰する大沢《おおさわ》かおり（46）が会話をうまく進めていく。同病院のがん相談支援センターで患者の相談に乗る医療ソーシャルワーカーだ。

「医者に聞けないことも大沢さんになら聞ける。明るくて、そんなに立ち入らないでいてくれるから。顔を見るとほっとしますね」とサロンを訪れた女性（50）は言う。はつらつとした大沢の姿は患者の支えになっている。なぜなら、彼女自身も乳がんにかかり、最愛の夫を亡くした、つらい経験があるからだ。

後追い願望

神奈川県鎌倉市で生まれ、小学4年から中学3年まで米国のニューヨークで暮らした。高校3年の時、腎臓疾患で4カ月入院。出席日数が足りず退学し、大学入学資格検定（大検）を受けて上智大に入った。卒業後、「自分のような患者を助けたい」と、医療ソーシャルワーカーの道を選んだ。病気や障害で生活に問題を抱える患者や家族を支援す

「乳がん患者サロン」の参加者に囲まれて写真に納まる医療ソーシャルワーカーの大沢かおり（中央）＝東京都目黒区の東京共済病院

る仕事だ。

同病院でキャリアを積んでいた２００３年９月、病魔に襲われる。乳がんだった。まだ36歳。経過は順調だったが、２年過ぎたころ、再び試練が訪れる。帰宅すると、うつ病だった夫が首をつって死んでいた。

思い出すと今も涙がにじむ。「後を追いたいのに、自分は生きるための治療をしなければならないなんて」。仕事はかろうじて続けたが、やがて自らもうつ病になった。

幸せそうな友人の連絡先は携帯電話から消した。90歳の男性患者が亡くなり、悲しむ85歳の妻を「十分生きたじゃない」と、心の中でうらやんだ。周囲の励ましは、むなしいだけだった。

それでも、悲しみは少しずつ、時が癒やしていった。夫を自殺で失った女性とネットの掲示板で知り合い、つらさを語り合うと楽になった。

「悲しみは乗り越えるものだと言うけれど、一緒に暮らしていかなければならないものだと思うんです。消えないけれど、生活に支障がないぐらいになっていけばいい」

医療ソーシャルワーカー

がん相談支援センターの大沢かおりの机に置かれた天使像＝東京都目黒区の東京共済病院

生死の境目

夫の死から2年後の07年、がん経験を生かしてもらおうと、新設のがん相談支援センター専任の相談員に抜てきされる。

親しい人を亡くした人が集まる米国の研修会に参加したとき、講師から「彼が死んだのは、あなたにこの道を歩んでほしかったから」と言われた。夫がすぐ近くに来てくれたようだった。「私を捨てたのではない。病気が連れて行っただけ」。そう思うと、体中がエネルギーで満たされた。

08年には、乳がん患者のサロンを開設。患者同士でしか話せないことを言い合える場をつくった。同じ患者だからこそ思いが伝わりやすい、と感じていたからだ。

サロンでは死の話題もタブーではない。いつ抗がん剤をやめるのか。どこで死ぬのか。見送らざるを得ない仲間の話は、自分が同じ立場になったときにどうするのか考える機会になる。

死が迫る患者とも深い話ができるようになった。「子どもの成長が見られない」と嘆き悲しむ人にはこう伝える。「肉体は消えても、時々そばに来て見ることができるような気がする。きっと永遠のさよならじゃない」

長い間、人の死を見つめてきた大沢は実感している。「死は生のすぐ向こう側にある。生と死の境目は薄いと思う」

天使

今は、がんになった親を持つ子どもを病院に集め支援している。乳がん仲間の友人が亡くなったとき、彼女の大学生の娘が「私が小さいころ、周りに親ががんの子どもがいなくて孤独だった」と話したのがきっかけだ。

子どもの支援には米国のプログラムを使う。不安、怒り、戸惑いを工作で表したり、病気を学んだりして、気持ちを整理させる。学校で暴れていた女の子（9）は、病院のプログラムに参加して落ち着きを取り戻した。今後は、がんで親を亡くした子どもの支援もしたいと思っている。

相談室の窓際で、ガラス製の天使像が光を受け、キラキラと輝く。患者から大沢への贈り物だ。見ると、いつも温かい気持ちになる。

「目に見えないけれど大切なこと、例えば、愛やみんながつながっていること、夫が見守ってくれていることを天使が伝えてくれるような気がするから」。今はもう会えない患者たちの笑顔が、大沢の目に浮かんでくる。

子育て世代のがん患者

日本人の２人に１人ががんにかかる中、子育て世代の女性患者が増えている。

国立がん研究センターによると、20代から40代でがんにかかる割合は、女性が男性を上回る。ここ30年ほどで、乳がんの患者数は大きく増加し、40代後半がピークとなっている。子宮がんは、20代から30代前半の患者が増えている。

子育て世代の患者は、仕事や育児、親の介護など多くの社会的な役割があるため、治療との両立が大きな課題だ。働く意欲があっても、治療に伴う体調不良などのため、退職に追い込まれる人が多いのが現状。十分に子どもの世話ができなかったり、子ども自身が心理的なストレスを抱えたりする場合もある。

子育て世代のニーズに合ったきめ細かい支援が求められている。

第2章

伝統を継ぐ

新進陶芸作家／歌舞伎役者／ねぶた師／オーケストラ代表
／西陣織の職人／映画監督兼館主／老舗こうじ店女将

新進陶芸作家

「自分の色」で高み目指す

OLから決意の転身 生涯かけて技を追求

ガラス板の上で絵の具を練り、筆を手に、器の下絵の隙間を埋めていく。九谷焼の新進作家、竹内瑠璃《たけうちるり》(44)は、繊細で複雑な葉の模様が得意。「自分の色」と呼ぶ薄緑色を基調に金色を配し、絵付けを進める。

約9年間の養成・修業期間を経て4月、石川県小松市に自分の窯を持ったばかり。発祥から約350年の九谷焼は作風が百人百様とされる。独自の作風を追い求め、息詰まるような作業が続く。

文・田辺　宏
写真・堀　誠

転機

独立前は、九谷焼の若手作家養成のため石川県が運営する能美市の「支援工房九谷」が仕事場だった。2010年5月、九谷焼のギャラリーを経営する下口豊子《しもぐちとよこ》(65)が訪れ、竹内に声を掛けた。「ニューヨークに行ってみない?」

白地に藍色で絵付けする「藍九谷」で有名な人気作家山本長左《やまもとちょうざ》の下での修業を終え、支援工房に移った直後だった。これという作品はなかったが、即座に「行きます」。これが転機になった。

約5カ月後、米ニューヨークのギャラリーに九谷焼の若手作家8人の作品が並び、竹内のデビュー作となる精緻な

皿に絵付けをする竹内瑠璃。意識を集中し細かい線を描いていく＝石川県能美市の「支援工房九谷」

下絵の隙間を絵の具で埋めていく、金色を配した繊細な絵柄が特徴だ＝石川県能美市の「支援工房九谷」

絵柄の器を見た客たちは「ミラクル！」と称賛した。

北陸地方は、温泉旅館の倒産が相次ぎ、経済低迷が続く。九谷焼の産地でも値が高い器は売れない。若手の作品はなおさらだ。下口は「苦しい時代だからこそ、いい作家は残る」と信じ、潜在力を持つ新進作家を海外に紹介した。

悩んだ末

竹内は京都女子大を卒業後、関西大手の不動産会社に約12年間勤めた。当初は「おいしいものを食べに行ったり、誰とどこに旅行しようかと考えたり、普通のOL生活でした」。インテリアコーディネーターが目標。8年目にようやく営業部でインテリアに関わった。取引先と商談をこなし、部下も使う立場になる。「ハードだけどやりがいがあった。必要とされているなと思えることが支えでした」

だが、ほとんど休憩も取らず夜11時まで残業する生活が4年間続くと、精神的に疲れ切った。

ある日、専門学校を特集する雑誌を手に取り、伝統工芸を学ぶ京都府の専門学校が目に留まった。卒業後は陶芸家に弟子入りできると知り、会社を辞める決心がついた。毎晩疲れて帰宅する様子を見ていた両親も反対しなかった。

「会社を辞め、陶芸をやる」と言うと、同僚たちは「大丈夫なの？」と心配した。不安定な生活を選ぶ理由が分からない様子だった。

確かに何年も頑張り、続けた仕事を手放す不安は大きい。一方、会社では歯車の一つで「自分のカラーを出しにくい」とも感じていた。

「今を逃すともうできないんじゃないか。大変なリスクだけどやってみよう」。悩んだ末に退職願を出したが、引き留められなかった。

結論はまだ

専門学校2年目に各地の窯元を見学し、九谷焼の山本長左の筆遣いに衝撃を受ける。「スピードと正確さ。この工房にいると、こんなに描けるようになるのかな」と思い、弟子入りを決めた。

少女時代から好きだった漫画やアニメが絵付け技術の下地になった。宮崎駿《みやざきはやお》のスタジオジブリ映画の絵コンテは、今も本棚にある。

大学時代から描き始め、OLになってすぐ出版社のイラストコンテストに応募、大賞に次ぐ優秀賞に選ばれた。それから約4年間、帰宅後にライトノベルの挿絵を描いた。締め切りは厳しく、1週間ほとんど寝ないで仕上げたこともある。

次から次へとイラストレーターが生まれ、消えていく世界。若い世代は、竹内の考え付かないような新鮮な構図で描いた。「よほど才能がないと、残るのは難しかった」

イラストもインテリアの仕事も途中で挫折した。では、自分の才能で続けられるものは何なのか。そう問い続けて選んだのが陶芸の道だった。

独立したが、手探りで進む日々が続く。「私という人間を知らない人が、作品を気に入ってくれるだろうか」と不安になることもある。値が妥当かどうかは、客の判断を待つしかないからだ。

12年9月、東京・銀座で開いた個展では約40個の作品が売れた。5万円余りの値を付けた自信作の香合も含まれる。しかし、個展と個展の間は収入がない。生活を支えるためアルバイトもする。

「まだこの道が正しかったとは結論付けてない。会社員を続けていれば良かったと思う時が来るかもしれない。でも満足しています」

竹内は、生涯をかけて技を追求していこうと思っている。人から「すごい」と言われるような作品を生み出す「プロの高み」に上るために。

伝統産業の振興策

100円ショップで日用品が買える時代となり、陶磁器や漆器などの伝統工芸品は需要が大きく低迷、産業の縮小が続く。作り手の高齢化と後継者不足がとりわけ深刻だ。

伝統的工芸品産業振興協会によると、繊維製品などを含めた生産総額（概算）は1983年度の約5405億円をピークに下降、2010年度には約1177億円に。従事者数も10年度約7万3500人で、ピーク時の4分の1近くに減った。

国や地方自治体は、地域経済の一角を担う地場産業に対し、さまざまな振興策や資金助成を行っている。商品開発のほか、首都圏などのバイヤーと生産者との商談設定や物産展開催で販路開拓を図る。人材育成では、奨励金や奨学金だけでなく、石川県や京都府のように独立を目指す若手作家に工房を安く貸し出す支援制度もある。

終わりなき芸道の探究

女形、日々打ち込む修業 梨園外からの挑戦

文・瀬川成子
写真・堀　誠

鏡に向かい、注意深く眉を引く。近藤太郎《こんどうたろう》（33）が歌舞伎の女形中村梅之《なかむらうめゆき》に変身する。「眉の位置や描き方で印象が決まりますから」。初日前日の稽古だけに、本番さながらの緊張感が漂う。

8月、国立劇場（東京都千代田区）での「稚魚の会・歌舞伎会合同公演」。梨園《りえん》と呼ばれる歌舞伎界の出身ではない若手俳優が大役に挑戦する公演で、梅之が務めるのは幕開きを飾る舞踊「雛鶴三番叟《ひなづるさんばそう》」の主役「翁《おきな》」。1999年に中村梅玉《なかむらばいぎょく》（67）に入門以来、名乗ってきた名前で出演する最後の舞台だ。

ワクワク

「もっと大きく、立派に」「顔をちょっと正面に戻して」。指導する日本舞踊花柳流の花柳錦吾《はなやぎきんご》（77）が、細かな振りまで目を光らせる。研修時代から梅之を知る錦吾は「歌舞伎界の水に漬かって踊りも上達した。立派に役者になっている」と目を細めた。

踊りは半ばから振り袖姿になり、厳かな中に華やぎが加わる。梅之は「普段できない、貴重な経験がありました」と喜んだ。5日間で6回の公演は盛況に終わった。

神奈川県鎌倉市のサラリーマン家庭に生まれ、芝居とは無縁だった。小学4年のとき、好きだった折り紙で赤穂浪士討ち入りの場面を作ったことが、その後の人生を決めた。参考にした歌舞伎の写真集に魅せられ、翌年、初めて歌舞伎座（東京都中央区）に。名作「義経千本桜」を、昼夜通し

鏡に向かい化粧をする。おしろいを塗り、眉を引いていくと女形中村梅之に変わっていく。
10月には名を改め「梅乃」に＝東京都千代田区の国立劇場

で見た。「全てが新鮮で飽きなかった。歌舞伎座という空間にもワクワクして一遍でとりこになりました」

それから毎月、歌舞伎に通った。卒業文集に書いた将来の夢は「歌舞伎役者」。家族は驚いた。国立劇場に歌舞伎俳優の養成研修制度があると知り、中学3年のとき受験し合格した。立ち回りや日本舞踊、発声の基礎、長唄……。覚えることは数限りなくあった。2年間、朝から晩まで、歌舞伎漬けの日々を送った。

転向

男を演じる「立ち役」を選び、研修を終えた2カ月後には本名で歌舞伎の舞台に立った。そして梅玉に入門。自分の出番の合間に、師匠の支度や用事を手伝う。楽屋の慣習も覚えねばならず「役者になれた喜びはもちろんありましたが、かみしめる余裕もなく……。目まぐるしかったですね」。

月初めから25日前後まで続くのが歌舞伎の公演。千秋楽の直後に翌月の稽古が始まることも珍しくない。師匠に付いて各地の劇場から劇場へ。踊りや長唄、琴などの稽古にも通う。

そんなペースにもなじんだ8年目、女形に転向した。体の使い方からして違う女形になるのは異例だが「トンボ（宙返り）で一度、骨を折ってから、いいトンボができなくなった気がして……。悩んだ末に決断しました」。女形として最初の役は「義経千本桜」の腰元役。また一から稽古を積んだ。「次はより良くと意識して努力し続ければ、必ず結果が出る。そう信じ、修業してきました」

どんな役柄、役割でも全力投球でベストを尽くす。梅玉も「勉強熱心で、一挙手一投足を盗もうという気持ち、集中力がある」と評価する。

存在感

名優が見せる珠玉の舞台の陰には、絶妙のタイミングで扇や小道具を渡し、糸を瞬時に引き抜き衣装を変える「後見《こうけん》」がいる。梅玉の養父で「不世出の女形」とたたえられた中村歌右衛門の舞踊を支える後見の名手がいたように。

梅之は、後見を担当するとき、そんな先輩たちに近づきたいと曲や振り付け、衣装の仕組みを頭にたたき込み、試行錯誤を重ねた。自分の気配を消して務めることができるまで10年かかったという。

25歳のとき、舞台で使う小道具を担当する真理子《まりこ》（35）と結婚。お互い地方公演があり、1年の半分はすれ違いだが、歌舞伎好き同士、いつも芝居談議に花が咲く。

入門10年以上で推薦を得た俳優に受験資格がある名題《なだい》試験。２０１２年に合格し、13年3月末には、新しい歌舞伎座の開場式で、梅玉の後見という大役も務めた。梅玉は「われわれの世界は一生修業。慢心せず、謙虚な気持ちでステップアップしてほしい」と期待する。

舞台にいるだけで吉原の遊女でも御殿の腰元でも、雰囲気を出せる役者になりたい、という梅之。基礎から手ほどきしてくれたベテランが醸し出す存在感が目標だ。「憧れていた歌舞伎の舞台に立てることが、うれしくて。辞めたいと思ったことは一度もありません」

歌舞伎座の10月公演で名題としてお披露目、名前も梅乃《うめの》と改めた。演目は、少年時代に初めて目にした「義経千本桜」。終わりなき芸道のさらなる高みへ、探究を続ける。

国立劇場の養成研修事業

1970年に始まった国立劇場の養成研修事業は、歌舞伎俳優への道を一般に開いた。修了者は95人に上り、今や歌舞伎俳優全体の約3割。「スーパー歌舞伎」で知られる市川《いちかわ》猿翁《えんおう》門下では、笑也《えみや》、月乃助《つきのすけ》、春猿《しゅんえん》らがスターとして活躍しており、後継者の育成で重要な役割を担っている。

募集は2～3年に1度。年齢制限はあるが、受験資格は特になく、「歌舞伎を見たことがない」という人もいるという。歌舞伎俳優や長唄、鳴物の演奏家などベテランが講師となり指導する。

修了後は、現役俳優の元へ入門。現在は21期生が勉強に励んでいる。

2013年8月の「雛鶴《ひなづる》三番叟《さんばそう》」を踊った3人は、中村梅之のほか、中村芝雀《しばじゃく》門下の中村京珠《きょうじゅ》、中村七之助《しちのすけ》門下の中村仲弥《なかや》。全員が研修の修了生で、仲弥は今春、研修を終えたばかりの20期生だ。

舞踊「雛鶴三番叟」の稽古をする中村梅之＝東京都千代田区の国立劇場

ねぶた師

祈る気持ちで筆を持つ

薬局辞め「攻め」に「作れなければ死ぬ」

文・下山 純
写真・堀 誠
金刺洋平

青森市中心街の目抜き通りにおはやしが響き渡り、「ラッセラー」の掛け声で乱舞するハネト（踊り手）の群衆。その中を、極彩色の光を放つ巨大な人形灯籠の山車が練り歩く。毎年8月に開催される青森ねぶた祭の主役は、台車を含め高さ5メートル、幅9メートル、奥行き7メートルという大型ねぶただ。2013年出陣した22台のうち3台を「ねぶた師」竹浪《たけなみ》比呂央《ひろお》（53）が手掛けた。

集中力

大型ねぶたは、5～8月の期間限定で設置される22棟の「ねぶた小屋」で制作される。6月下旬、竹浪の小屋の一つは色付け作業の真っ最中。台車に乗せる人形灯籠の部分を3分割し、脚立をいくつも立て、高所作業用に板を渡している。

作業は「竹浪組」と呼ばれる約30人のスタッフが交代で担当。普段は笑いが絶えないが、作業中は無言になる。

竹浪が板に上がり、鬼の面の目に黄色を入れた。筆に絵の具と水を含ませ、にじませながら少しずつ。集中力を高め、眼鏡の奥の目を見開き、まばたきしない。「いい仕事

大型ねぶたの顔を描く竹浪比呂央。火炎の中から現れた鬼の口の中まで炎を描いていく＝青森市

竹浪比呂央が手掛けた大型ねぶたと乱舞するハネト＝青森市

をさせてください」と、ねぶたに祈るような気持ちになることもある。

竹浪は青森市から30キロほど離れた旧木造町（現つがる市）で生まれた。「4歳のとき、青森の大型ねぶたを見て衝撃を受けたのを覚えている」

絵を描くのが好きで、小学校では図画クラブ。美術部がなかった中学でもデッサンを続け、高校で再び美術部に。将来、造形の仕事に就きたいとの思いはあったが、親戚の勧めで、東北薬科大（仙台市）に進学する。

大学2年のとき、ねぶた師の千葉《ちば》作龍《さくりゅう》（66）に弟子入り。夏休みには帰省し、作業を手伝う。卒業すると青森市の調剤薬局に就職した。「採用面接で『ねぶたを作るために青森市へ来ました』と答えた」と笑う。

転機

「二足のわらじ」生活が始まった。弟子入りから10年、1989年に大型ねぶた1台の制作を任され、ねぶた師としてデビュー。光が入り、国道を進む自分のねぶたを見て感動した。

転機は93年。ねぶた師として生きると決め、薬局を辞めた。結婚して子どももいたが「何とかなるだろう」と思った。薬剤師のアルバイトは、今も週3回続けている。

当時、大型ねぶたで表現したいテーマが複数あった。「このままだと大型は1台しか作れない。薬剤師は立派な職業だが、自分らしいのはやっぱりねぶたを作ること。いつ制作依頼が来てもいいように『攻め』に出ようと思い切った」

2年後に大型の制作は2台へ、その後、千葉の元を飛び出し、2004年からは大型3台の制作が続いている。

運行団体からねぶた師に渡される制作費は大型1台につき400万円程度で、材料費や人件費を差し引くと手元に残るのは半分ぐらい。大型3台を作れば生活できるが、そんなねぶた師は竹浪ら数人だけだ。

10年に「竹浪比呂央ねぶた研究所」をオープンさせた。大型ねぶたも収容可能な作業場を設け、後継者育成のために一年を通じて制作活動ができる環境を整えた。作業風景は外から見え、ねぶたの原画（下絵）や写真の展示スペースもある。

設計図

4人の弟子は研究所の「研究生」だ。このうち手塚茂樹《てづかしげき》(38)は勤めていた印刷会社を辞め、専業のねぶた師の道を選んだ。研究所のただ一人の「従業員」でもあり、給料をもらっている。

「先生はねぶたばかとか、そんなレベルじゃない。『ねぶたが作れなくなったら死ぬ』と真顔で言う。先生自身がねぶただ」。手塚は、竹浪の魅力をこう表現する。

そんな竹浪も不安はある。「自分が病気で倒れたら、大型ねぶた制作の依頼がストップしたら……。保証は何もない」

研究所は、経済的な裏付けを求める存在でもある。絵はがきやTシャツ、手ぬぐいなどを販売。展示用ねぶたを制作し、ねぶたの技術を生かした真冬のイルミネーションのイベントも仕掛けた。

ねぶた制作は、8月の祭り終了と同時に始まる。テーマが決まると数カ月にわたりデッサンを繰り返し、年明けには色付きの原画を描く。ねぶたの「設計図」であり、それ自体が一つの作品だ。この時点で、竹浪の頭の中には立体的な完成図があるという。人形の腕や脚、面などのパーツ作りは冬のうちに始まる。

制作は1年がかり。しかし、ねぶたは「祭りの一風景」として扱われ、写真や映像が勝手に使われてきた。著作権のある「紙と灯《あか》りの造形」として社会に認めさせたい——。竹浪の強い思いだ。

「ねぶたのために生まれてきたと言えば大げさだが、そういう思いでいたい」。心はもう来年に向かっている。

灯籠流しがルーツ

青森ねぶた祭は七夕の灯籠流しが変形したという説が有力で、ねぶたという名前は農作業を妨げる眠気を送り出す習俗「ねむりながし」の眠りがなまったと伝えられる。青森では武者をかたどった灯籠が主流になり、戦後に大型化した。

大型ねぶたは、角材と針金で作った骨組みに和紙を張って色を塗り、内部に照明を配置する。使う針金は総重量が150キロ程度になり、電球や蛍光灯は800～1000個、和紙は新聞1ページ大の奉書紙を2500～3000枚使うという。

現在は企業などで構成する22の運行団体がそれぞれ大型ねぶたを制作。はやし方を組織、ハネトを集め、8月2～6日の夜と7日の日中に運行し、7日夜はねぶたが台船に乗る海上運行もある。期間中に延べ約300万人が訪れる。

オーケストラ代表

音楽で街に「共感の場」

文・加藤　朗
写真・堀　誠

コンサートホールの担当者と打ち合わせをする中野順哉（右）
＝大阪市北区のザ・シンフォニーホール

機動力で演奏届ける
小編成、逆風下の挑戦

大阪市の中心部にそびえ立つ巨大なオフィスビル。正午前、吹き抜けのエントランスにいすが並べられる。「どのくらい、来はるやろか」。同市を拠点に活動する室内楽団、日本テレマン協会の代表中野順哉《なかのじゅんや》(42)は、いたずらを仕掛ける子どものような笑顔で、仮設の舞台袖に控える演奏家に話し掛けた。

普段は何げなく通り過ぎるビルの玄関に、突然出現した演奏会場。昼食に出る会社員が驚きの表情で足を止める。チェンバロやチェロ、バイオリンが奏でるのは、ビバルディ作曲「四季」のように誰もが知る旋律から、18世紀ドイツの作曲家テレマンの「ビオラ協奏曲」といった玄人好みの作品まで幅広い。

約1時間の無料演奏会は、音楽監督で指揮者の延原武春《のぶはらたけはる》(70)によるユーモアあふれる解説を交えて進行、１００人近くが耳を傾ける。作曲当時の奏法を再現した優雅な音色が響く。最後まで聞き入り「お弁当を食べる時間がなくなってしまった」と話すＯＬの姿も。

時間の共有

同協会は、バロックからベートーベンまでを専門とする楽団。現在主流の大編成オーケストラが確立する以前の音楽を中心に活動している。２０１３年に50周年を迎えたのを記念し、中野の発案によって街の公共空間などを利用したシリーズ演奏会「大大阪《だいおおさか》ターフェルムジーク」を企画、関西各地で約40公演を開催した。

室内楽団という小編成ならではの機動力を生かした企画。専門ホールに比べて音響は劣るが、普段の公演と違い、コンサートのほとんどを無料にし、クラシック音楽に触れる機会の少ない人々に演奏を届けた。

「楽団の宣伝が目的ではない。偶然演奏を聴いた人も含め、体験したことを自宅で話題にしてもらえたらと思って。今は家でもそれぞれがスマートフォンとにらめっこでしょう。家族ですら共有できる時間がほとんどない」

肩書は代表だが、中野の仕事は主に関係各所との調整役。

演奏会の会場との打ち合わせ、新しいアイデアの提案など、仕事内容は多岐にわたり、各国の在大阪領事館との連携も積極的に進める。

視点の強み

関西学院大文学部出身。作家を目指し、作家阿部牧郎《あべまきお》らに師事、歌舞伎や浄瑠璃の台本も学んだ。ロック少年でも

大阪証券取引所のロビーで開かれた日本テレマン協会の演奏会＝大阪市中央区

あった中野とクラシックとの接点は、兄振一郎《しんいちろう》が若くして才能を認められたチェンバロ奏者だったこと。

兄を通じて中野を知った延原は「おもろい子や」と、日本テレマン協会の機関紙編集長に抜てき。意見を求められることが増え、次第に協会の戦略を担う立場に。「知らんうちに、多くの重要な役割を押しつけられていた」と中野は笑う。

クラシック音楽と、地域の歴史を踏まえた創作講談を融合した独自企画「音楽絵巻」などの取り組みも注目を集める。専門的な音楽教育は受けていないが、一歩引いた視点でクラシック業界を俯瞰《ふかん》できるのが強みだ。

街の公共空間などでの演奏会という取り組みの先に、一つの構想がある。郊外への展開だ。住むために多くの人が家を構える住宅地は、人間同士のつながりが希薄なまま高齢化し町の疲弊が進む。「暮らしの中での小さな演奏会を通じ、コミュニティーの形成を図るきっかけづくりができないか」。キャッチフレーズは「サロンからベッドタウンへ」。クラシック音楽が提供できる「共感の場」に地域再生の可能性があると中野は考える。

その思いを受け止める延原は「一流でなければ感動は生

まれない。そこだけは、妥協したらあかん」と強調する。

支援の還元

「聖域なき歳出削減」を掲げた橋下《はしもと》徹《とおる》大阪府知事（当時）は就任後、大阪の楽団への補助金削減を打ち出した。「これだけの文化を保護しないとは」と反発も出たが、中野は「自分たちはどうあるべきかを省みる良い機会になった」と逆風を前向きに受け止める。

「『文化は必要か』と問われれば必要だと答えるが、理由を問われて僕らは答えられなかった。補助金で太った楽団は、いただいた支援を人々に還元できていなかったのではないか」

夕刻の大阪証券取引所のロビーで開いた演奏会では、華やかな弦楽器の音色に誘われて家路を急ぐサラリーマンらが一休み。「子連れでも大丈夫ですか?」とベビーカーを押した母親が、遠慮がちにスタッフに声をかけた。「もちろんです」。笑顔の花が咲いた。

「家族や近所に『こんな音楽聴いた』『こんど行ってみよか』という話題が提供できれば」。まずはそこからだ、と中野は思う。「人々の生活に生きた音楽を、と言うたら格好つけすぎかな」

補助金削減への対応

日本オーケストラ連盟に加盟するクラシック音楽のオーケストラは、32団体。そのうち東京の10に次ぐ6団体が大阪を拠点にしているが、景気の低迷で企業からの支援が先細ったことに加え、大阪府が楽団への補助金を削減したことによって財政的に大打撃を受けた。

演奏家やファンは補助金削減への反対運動を展開したが、行政からの従来のような支援が復活する見通しは立っていない。

大幅な経費節減を迫られる中、各楽団は安定的な収入確保のため、それぞれに対策を講じている。定期会員制度やファンクラブの充実を図ったり、公演数の増加やスポンサーの拡大を目指して主なプロオーケストラのない四国に新たに支局を設置したりするなど、クラシック音楽ファンの拡大に懸命だ。

西陣織の職人

糸のより具合を確かめる平野弘明。舌に糸を乗せた感触など長年の経験と勘だけが頼りだ＝京都市上京区

経験と勘で糸をよる

きつい仕事、でも天職 技を残すため奔走

文・瀬川成子
写真・堀　誠

光の加減や見る角度で表情が変わる。独特の風合いで魅了する着物も、元はクモの糸のように細い絹糸からできている。

生糸を何本か合わせて強くし、機械で1㍍当たり3千回転ものよりをかけるのが「撚糸《ねんし》」の伝統工芸士、平野弘明《ひらのひろあき》(75)の仕事だ。

「より具合は舌に糸を乗せた感触で確かめます。気温や湿度にも左右され、日によって状態が変わる。そこが難しいところやね」

将軍が愛用

国内有数の織物産地、京都・西陣。細い路地が縦横に走る約2キロ四方に工房が軒を連ねる。西陣織の工程は細分化されており、それぞれを専門の職人が担う。

江戸時代、11代将軍徳川家斉が愛用したことから名付けられたという「御召《おめし》」。西陣では「御召緯《ぬき》」という強いよりをかけた横糸を使い、表面に美しいシボ(凹凸)を作り出す。

生地を織り上げ、のりを洗い流すと横糸のよりが戻り、細かなシボが現れる。撚糸は出来栄えの鍵を握る重要な工程だ。

糸染《いとぞめ》の業者が火災に遭って以来、止まっていた入荷が10月にやっと再開した。「3カ月間、収入がなく年金頼み。ほとんどの職人は年金がないと生活できません」。一緒に作業する妻のかほり(68)も「年が年やし、いつまでできるやろね」。

糸は、目を凝らさないと見えないほど細い。途中で切れてないか。虫やゴミが付いていないか。細心の注意を払う。糸に重りを掛けて張りを持たせ、状態を見ながら重りや撚糸機の回転速度を微調整する。長年の経験と勘だけが頼りだ。

山も、谷も

富山県から西陣に働きに来ていた父が開いた工房を平野は11歳で手伝い始めた。戦後、御召の流行時には早朝から夜まで働かないと、こなせないほど注文があった。

現在、西陣で御召緯の撚糸をするのは平野を含む4軒という。「若いころは富山の同じ村出身の業者だけで60軒もあったのにね」

西陣織工業組合によると、所属４３２社の２０１２年の出荷額は３３６億円余りで、１９７５年の約16％にまで落ち込んだ。主力はカーテンなど室内装飾や帯地。着物はそのうち約15億円にとどまる。

2人の息子の学費と3世代の大家族を支えるため、平野とかほりは工房で働いた後、未明までパートに出た。そん

織り上がった西陣の御召。糸のよりが美しい風合いを作る＝京都市上京区

な暮らしが10年近く続いた57歳のとき、平野は脳梗塞で倒れた。「無理がたたったんよ」とかほりは言う。撚糸を休み、リハビリをしながら、守衛などの職を転々とした。

その間も、機械の整備は怠らなかった。御召緯の発注元で、全ての工程を束ねる織元「秦流舎《しんりゅうしゃ》」の野中《のなか》健二《けんじ》(56)の熱意に動かされ、10年前、撚糸を再開した。

野中は「平野さんの仕事は工程の〝肝〟。いてもらわんと困る」と話す。光の屈折まで計算して生地の質感を追求する野中にとって、平野の技がどうしても必要だった。

夫婦円満

職人の高齢化が進み、後継者難。道具の調達も難しさを増す。工程のどこかが抜けたらどうなるか。遠くない未来に迫る懸念だ。

「ぎりぎりまで動かんのは、日本人の悪いところ。でも、わたしらの仕事がほんまに必要ならば、誰かが何とかするでしょう」。達観したように平野は言う。

撚糸の技術は長男夫婦に伝えたものの、「子どもや孫に同じ苦労をさせたくない」と会社勤めをさせた。〝クールジャパン〟の源流ともいえる、卓越した技を伝える現場が悲鳴を上げている。

「脳梗塞をしてから、何事もプラス思考。父のために継いだ家業ですが、天職だと思うようになりました」

担い手が減った今、御召の良さ、職人技を後世に残す責任を強く感じるという。作業の実演に飛び回り、愛車で山形、新潟、群馬など他の御召の産地を訪ね、リハビリ中に習ったパソコンで旅行記もまとめた。

12年、平野に瑞宝単光章授章の知らせが届いた。「役所に『これは内職』と言われたこともあった。地道な仕事の価値が認められ、何よりです」

式典のため上京した際、息子夫婦や孫に囲まれて撮った写真が宝物だ。「最大の功労者は家内。この仕事は夫婦円満が基本やと息子に言うんです」。二人は2年後の金婚式を楽しみにしている。

工房には、のりの微粒子が舞い、床はぬめる。夏は絹糸のタンパク質やのりが水と混ざって腐敗し、においが鼻を突く。

「きつい仕事」と嘆くが、それでも続けた理由を尋ねると、黙って食卓の脇を指さした。壁に武者小路実篤の古びた短冊。「この道より我を生かす道なし　この道を歩く」

進化する伝統工芸

蒔絵《まきえ》が施された漆塗りのスマートフォン用ケース、江戸小紋のモダンなスカーフ、和傘の照明器具……。現代的な感性で職人の技を生かした新しい工芸品が、国内各地で生まれている。

手仕事のぬくもりを感じさせるデザインは、若い世代にも支持を広げている。高い技巧と大量生産できないという希少価値をアピールし、欧米や中国など海外市場への売り込みを狙う動きも盛んだ。秦流舎の野中健二は「普段着とされてきた御召も、色使いや文様の組み合わせ方次第で、高級感を出すことができる」と自信を見せる。

野中が9月に京都市内に開いた店では、国産ジーンズ発祥の地、岡山県倉敷市児島地区のデニム生地の着物を販売。友禅の下絵職人が柄を描いたものもあり、新たな時代を切り開く挑戦が続く。

映画監督兼館主

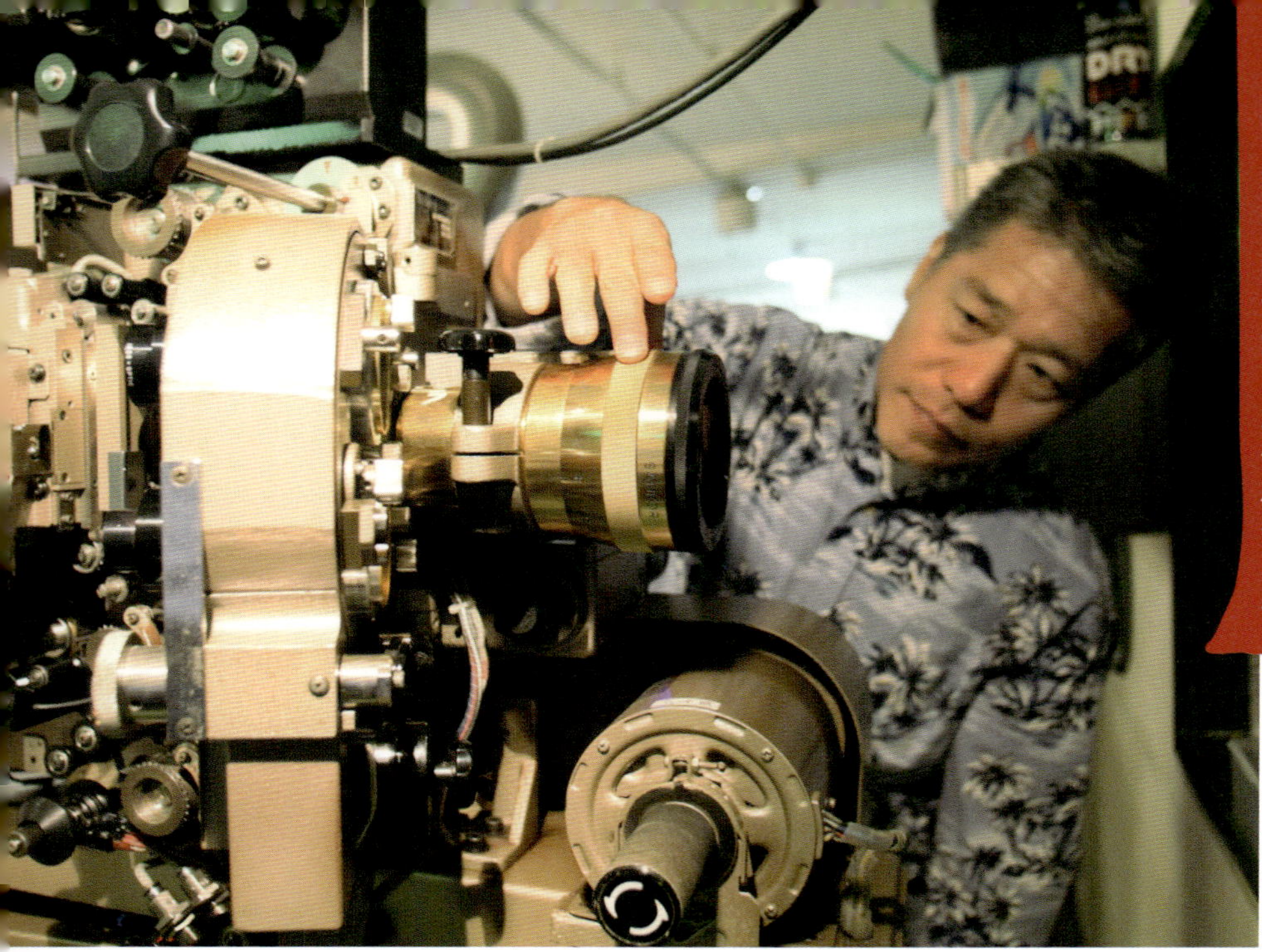
桜坂劇場で使われている35ミリ判のフィルムプロジェクターと中江裕司＝那覇市

街には集う場が必要

映画館の役割まだある 陶芸、音楽の発信も担う

文・川元康彦
写真・牧野俊樹

観光客であふれる那覇市の繁華街、国際通り。路地に入って南に少し歩くと、騒がしさは消え「桜坂」と呼ばれる昔ながらの街に出る。小さな食堂や居酒屋が並ぶ一角で、ひときわ目立つのが映画館「桜坂劇場」だ。

茶色の壁に広い窓がある建物。入り口に上映作品のポスターが並ぶ。

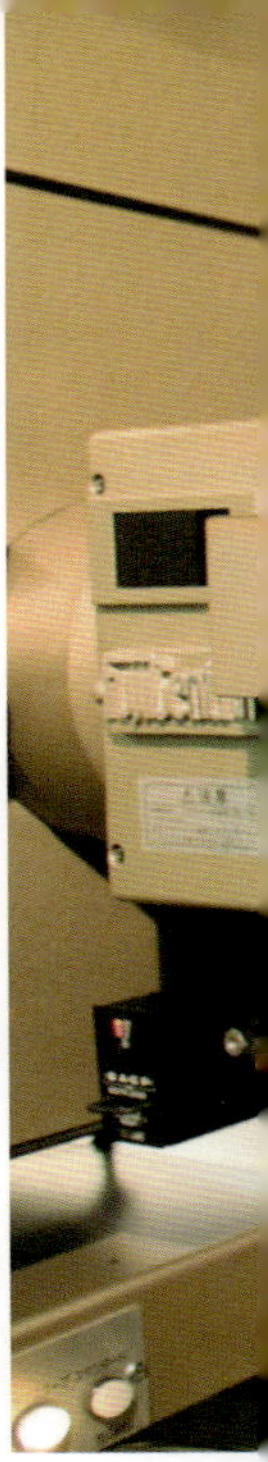

「桜坂は、かつて桜並木があったからこの名前が付いたそうです」。経営者の中江裕司《なかえゆうじ》(52)が、劇場前の桜を指さした。通りにほかの桜は見当たらない。小ぶりな木が、沖縄の娯楽を支えた街の息吹をいまに伝える。

ここで育つ

桜坂劇場は3スクリーン480席。年間上映作品は300近く、市内のシネコンを大きく上回る。

高い天井の館内には文化の薫りが漂う。広い書籍・雑貨売り場では、若者たちが真剣に本を探し、傍らのカフェでくつろいでいた。

音楽ライブやトークショーも開催。市民講座「桜坂市民大学」も運営する。いまは、沖縄の伝統的な骨つぼ「厨子《ずし》がめ」の販売に力を入れている。大宜味村《おおぎみそん》の陶芸家玉城望《たまきのぞみ》(41)、若子《わかこ》(51)夫妻らが制作したものだ。

「映画だけだったら楽だけど、面白くない。街の中心にあって、いろんな人が来る場所が劇場。映画以外もちゃんとやるぞと、最初からスタッフに説明していました」。当初、全体の2~3割だった映画以外の収益は現在、約半分を占める。

開業は2005年7月。3カ月前に閉館した「桜坂シネコン琉映」を改装しての再出発で、中江や琉映の役員など5人が計3千万円を出資し、運営会社を設立した。

戦後間もなく、桜坂には沖縄芝居の小屋が建てられた。飲食店も多く、娯楽を求める人々でにぎわった。

「街が劇場を失うなんてあり得ない。たくさんの人が昔から桜坂で娯楽を楽しんできたし、僕もここで育ったのだから」

京都市出身。大ヒットした「ナビィの恋」や「ホテル・ハイビスカス」など、沖縄を舞台にした映画の監督でもある。「兄が北海道の大学だったので、弟の自分は沖縄」と軽いノリで琉球大に入学したが、沖縄の風土、人々に魅せられ、いまも住み続ける。

失恋を癒やす

映画の道に進んだのは失恋がきっかけだった。

映画監督兼館主

シーサーや御殿をかたどった「厨子がめ」を前に陶芸家の玉城望、若子夫妻と談笑する中江裕司（右）＝沖縄県大宜味村

大学1年の夏休み。「待ってくれていると勝手に思い込んでいた」京都の彼女に別れを切り出された。那覇に戻ってもショックで好きな漫画も読めず、ふらりと映画館に入った。暗闇の中で食い入るようにスクリーンを見つめる間は頭が空っぽになり、失恋の痛みを忘れることができた。

那覇中の映画館に朝から晩まで何カ月も入り浸るうち、引き込まれていった。「自分でも作れそう」と、父親に借りた8ミリカメラで桜坂の街を撮り始める。大学の映画研究会に入り、卒業後も映画製作を続けた。

活動の中心にいつも琉映があった。しかし、新たな歓楽街に人が流れ、桜坂は寂れていく。シネコンの普及で中心街から小さな映画館が消え、琉映も存続を断念した。

引き受け手がいないので、自ら経営を始めて約8年。多彩な催しを仕掛ける劇場の周りに若者が次々と店を開き、人の流れも変わった。観光客も増え、桜坂は文化の発信地として、再び注目を浴びるようになった。

「桜坂劇場をどうするかは結局、那覇の街中をどうするかと同じなんです。お金が落ちなくても人が来るような、さらに開かれた場所にしたい」

フィルムも必要

地方の映画館経営は楽ではない。中江は映画館からの報酬をあてにせず、名古屋市の大学での講義やドキュメンタリーの製作などで収入を得ている。息子は神奈川県の大学に進学、現在は妻と二人暮らしだ。

映画のデジタル化も悩みの種。「中小の映画館は無理してデジタル上映設備を入れるか、経営をやめるか、追い詰められている」。移行への負担は大きい。桜坂劇場はデジタル設備導入に1700万円かかった。

離島を回る出張上映を続け、観客の反応に喜びを感じてきた。フィルムより機材が軽いデジタルなら映画を届けやすくなる利点はあるが、問題も抱えている。

「急激なデジタル化で、フィルムで長年培われた映画の技術が、失われようとしている。フィルムで映画を撮る選択肢も残すべきです」

DVDプレーヤーや携帯端末などの普及で、映画を個人で楽しむ機会が増えた。それでも、映画館は大切で、まだその役割を終えていないと中江は思う。街で非日常を体験でき、その体験をほかの観客と共有することができる場所だからだ。

「僕が家で一人、映画を見ていても、失恋から立ち直れなかったはずです」

映画のデジタル化

映画のデジタル化が急速に進んでいる。国内で唯一、映画用フィルムを製造してきた富士フイルムは近く、撮影用、上映用ともに生産、販売を終了する。日本映画製作者連盟の統計では、2012年末で、全国約3300スクリーンのうち約９割がデジタル上映設備を導入済みだ。

デジタル上映への移行は中小の映画館には大きな負担で、存続が危ぶまれるケースもある。映画のデジタルデータをどうやって長期保存するかという課題も残る。今後、現在の規格が変わり、技術更新で新たな費用が掛かる懸念もある。

フィルムで培われた映画製作の技術が、失われないよう継承することも重要だ。19世紀に映画が誕生して約120年。デジタル化は映画の歴史上、最も大きな変化といえるだろう。

老舗こうじ店女将

身近な「宝」に気づき飛躍

皆がおいしく、幸せに うま味パワーで海外進出

大分県佐伯市で320年余り続く「糀屋本店《こうじやほんてん》」。明治期に改築された店の奥の作業場に、蒸し上がった米の白い湯気と、甘い香りが立ち込める。

米を冷ましながら手で擦り合わせてキズを付け、こうじ菌を植え付けている。創業9代目の浅利妙峰《あさりみょうほう》（60）が、8代目の父幸一《こういち》（88）、10代目の次男良得《りょうとく》（29）と並んで作業していた。

妙峰が火を付けた全国的な「塩こうじ」ブームによって注文が激増し、かつて月2回で足りたこの作業を、ほぼ毎日行っているという。生き生きと働く彼女らの姿からは、わずか6年前に廃業寸前だったとは想像できない。「宝」の山は、すぐそばにあったのだ。

文・緒方伸一
写真・堀 誠

貧乏ごっこ

こうじは、みそやしょうゆなどを家庭で造っていた時代の必需品。幸一の時代には近所だけでこうじ店が4店もあった。

妙峰は、11歳離れた妹と2人姉妹。幼いころから店の後継ぎと目されてきた。自らの進むべき道に少し悩んだ時期もあったが、「楽しみながら生きていこう」とそれほど重荷には感じなかった。

東京の短大を出て実家に戻り、25歳の時に真願《しんがん》（57）と恋愛結婚。3男2女の母となり、子育てをしながら塾講師、お店とフル回転で働いた。

こうじ菌を植え付けるために蒸した米を冷ます（右から）浅利妙峰、父幸一、１人おいて次男良得＝大分県佐伯市

だが食生活の変化で商売は見る間に傾いてゆく。氷や折り箱を販売するなど、本業以外の浮揚策を試みたが、何をやってもうまくいかない。

当然、生活は苦しい。カレーには、肉の代わりに油揚げやこんにゃくを入れた。子どもたちには「今は『貧乏ごっこ』をしてるんだよ」と言い聞かせた。「『ごっこ』なのに長いね」と不思議がると「そうだよ、遊びは長いほど楽しいんだよ」と笑って返した。

２００５年にホームページを開設したが注文は増えない。07年、幸一が体調を崩し「店をたたもう」と本気で考え始めたその時、良得が「継ぎたい」と両親に申し出た。

良得は、大学で外国人留学生と交流するうち「日本の良さを世界に発信したい」と思うようになった。ふと見渡すと「あれっ、うちの糀こそ世界に誇れる日本の食文化じゃないか」。身近な宝に気づき、発酵学を修得するため大学に入り直して基礎から学んだ。

温故知新

思いがけない良得の申し出に妙峰は驚き、発奮した。「こ

んな状態のまま息子に譲り渡すわけにはいかない」。必死で再生の道を探り始めた。

その過程で発見したのが、江戸時代の専門書に書かれていた「塩麹漬」の3文字だ。

これをヒントに、塩とこうじと水でつくる手近な調味料に改良して料理に使ってみた。「あらっ、簡単でおいしいわ」。母が他界して女将《おかみ》となり、「こうじ屋ウーマン」を自称して独自のレシピを次々と考案、全国に味を広めていった。

根っから明るい妙峰の話術と「ほんの一手間でプロの味になる」塩こうじパワーが相まって、どの会場も笑顔であふれる。おいしいものの波及力はすさまじい。瞬く間に書店に塩こうじの料理本が並び、テレビや雑誌で特集が組まれた。そのたびに恐ろしい勢いで注文が殺到した。

本当に素晴らしいものは、先人が究め尽くした古いものの中に眠っている。そこに新しいアイデアやニーズを重ね合わせて現代に役立てる。「身近にあった宝を生かす『温故知新』こそが私の生きる道と知りました」

企業より家業

12年、妙峰と真願は「おいしいもので皆を幸せにしたい」という思いで海外に飛び出した。

5月はスローフード発祥のイタリア、7月は流行の発信地ニューヨーク。8月には国際協力機構（ＪＩＣＡ）で看護師として働く長男定栄《じょうえい》（30）の住むパラグアイへ。さらに10月にヨーロッパ進出の拠点にしようとドイツ、ベルギーに飛んだ。

肉やソーセージなど現地の食材に塩こうじをもみ込むだけで一気にうま味が増す。「このおいしさは何？」「マジックだ！」……。「塩こうじは世界に通用するかも」という予感は確信に変わった。

今、糀屋本店の店先では、遠方から訪れた客とおしゃべりする妙峰の笑い声が響く。傍らで真願は「どんなに好評でも『企業』にせず、『家業』として良質な糀づくりに専念

夕暮れ時の糀屋本店。通りには古くからの商店や寺が並ぶ＝大分県佐伯市

したい」と話す。

家業の強みの一つは「結束力」。3世代の造り手に加え、甘酒が飲めず家を継ぐことを断念していた定栄も、帰国して海外展開を担う予定だ。

ブームのおかげで息を吹き返した各地のこうじ店からは「元気が出てきた。共に頑張りましょう」との声が届く。

妙峰が目指すのは独り勝ちではなく、日本中のこうじ店が生業として続けていけるようになることだ。「奪い合えば足りず、分かち合えば余るんです」

こうじ消費は激減

日本人はこうじを使った発酵食品を古くから活用し、おいしくて健康的な食生活を営んできた。しかし食生活の変化で消費量は激減している。

総務省や国税庁の統計によると、みその1人当たりの年間購入量は1970年には3960グラムだったが、2011年には2016グラムとほぼ半減。しょうゆの1人当たりの消費量は、70年代は年間10リットルを超えていたが、11年は年間6.5リットルになっている。

清酒の消費量も、75年度の約167万キロリットルから10年度は約59万キロリットルに減った。これらの影響でこうじ店も減り続け、現在は全国で1200店程度とされる。

一方、老舗種こうじ店、樋口松之助商店（大阪市）によると「最近、米国やドイツなどから種こうじの注文が入るようになった」といい、海外の注目度は高まっている。

第3章 教育と研究の現場

研究者／非常勤講師／物理学者／
ＪＡＸＡフライトディレクター／エンジニア／
無料の学習教室代表

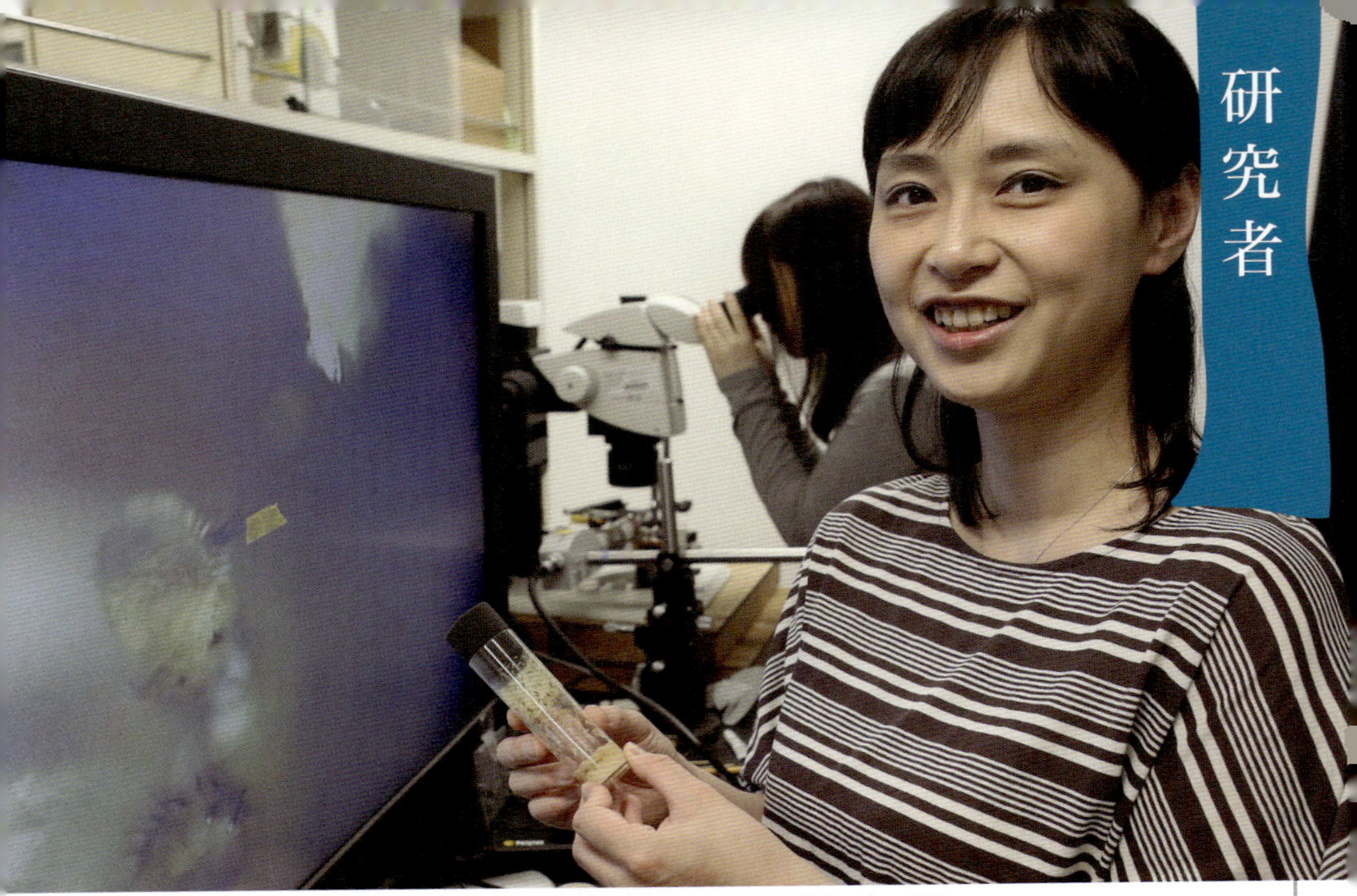

実験室でショウジョウバエの入った試験管を持つ上川内あづさ。大型モニターには顕微鏡で拡大したハエの聴覚器官が映し出されている＝名古屋市千種区の名古屋大

小さなハエに魅せられて

子育てと教授職を両立　脳の解明が最終目標

文・小川　明
写真・堀　誠

室温が25度に調節された遺伝子改変動物用の実験室に、約2千本の試験管が並ぶ。1本の中に、長さ2、3ミリのショウジョウバエが100匹ほど動き回っている。

「ハエですが、フルーツを食べるので汚い感じはしません。台所にもいますし。飼育は、酵母と寒天、砂糖を混ぜた餌で簡単にできます」。研究を率いる名古屋大理学部教授の上川内《かみこうち》あづさ（38）は、こう説明する。この小さなハエの聴覚の神経伝達経路を解明、2年前に36歳の若さで教授になった。

学内保育園

上川内の一日は、母親として始まる。まず一人娘（2）を起こして朝食を済ませ、学内の丘の上にある「こすもす保育園」に車で送る。午前8時20分ごろ、同じキャンパスの研究室に着き、研究者モードに切り替える。平日の10時間は大学教授の仕事に専念している。

夕暮れの午後6時半、保育園に迎えに行くと、ママの顔に戻った。娘は保育園に通うようになってから友達ができ、毎日が楽しそうだ。仲良しの子との別れを惜しむ娘を抱きかかえて林の中の道を下り、車のチャイルドシートに乗せて15分ほど走り、自宅に帰った。

言葉を覚えたばかりの娘とおしゃべりが弾む。夕食を用意し、娘を風呂に入れる。それでも、家事の合間に時間をつくって論文を読み、執筆するよう努めている。

「学内の保育園に娘を預けられるので働きやすい。同世代の男性研究者も普通に子育てをします。子育ては大変ですが、楽しい。研究も、子育ても一生懸命です」

ハエとヒト

1週間ごとに立てた研究計画に沿ってショウジョウバエに向き合う。試験管からハエを取り出して、顕微鏡で見ながら解剖。遺伝子を変異させたハエを使って行動も調べ、音がどう脳に伝わるかを地道に探っている。

ショウジョウバエは現代生物学のスターのような実験動物だ。分子レベルの遺伝の仕組みが、最もよく解明されている。上川内はこの10年、ノーベル化学賞受賞者の下村《しもむら》脩《おさむ》（84）が発見した緑色蛍光タンパク質などで神経細胞を光らせて研究してきた。聴覚研究にも、その手法を適用。ハエが触角の付け根の聴覚器官で音や重力、風を感じ、別々の神経細胞を通して脳に伝えている事実を突き止めた。

人間も同じように、耳にある器官で音と重力を感じている。「進化の過程で6億年以上前に分かれたハエとヒトに、よく似た仕組みがあったのは新鮮な驚きでした」

教授になって、講義や会議の時間が増えたが、実験できる時は集中。計10人のグループを指導し、実験や解剖の技術を手ほどきする。大学院生たちと年齢は近い。自由に議論し合って研究を進める。実験装置は、部品を集めて手作りしている。

実力と成果が問われる研究の世界。国際的な競争も激しい。「毎日新しい発見はあり、前に進んでいると実感します。でも、いつゴールに着けるのか分かりませんね」

「脳の仕組みを知りたい」と、分業しながら集団生活する昆虫のミツバチを東京大薬学部の大学院で研究した。博士号を取得してから、ショウジョウバエが音で意思疎通していることに注目し、研究対象を変えた。

小さなハエだが、行動は意外に高度といえる。雄は雌に積極的な求愛行動をする。その際、雄が聞かせる羽音が重要な役割を果たしている。この羽による求愛歌は、種類によってパターンが決まっている。

素朴な疑問

子どもの頃から音楽や動物が好きだった。「東京のマンションで魚や鳥、ハムスターを飼っていました。音がなぜ感情を揺さぶるのか理屈で分かりません。音楽の好みが人それぞれ違うのも不思議です」。その素朴な疑問をずっと抱いてきた。

シカゴの国際学会で出会ったドイツの研究者に誘われ、2005年から3年間ケルン大に留学し、実験を重ねた。留学直前に大学院で先輩だった研究者と結婚した。「新婚早々の別居でしたが、違う文化の中で過ごして世界が広がりました」

08年に帰国して東京薬科大の助教になり、10年に娘を産んだ。名古屋大に赴任し、東京で研究をする夫と再び別居に。週末には夫が来て親子水入らずの時間を過ごす。海外出張などの場合、育児は母親の助けを受け、乗り切っている。

最終目標は脳の解明にある。ショウジョウバエの脳は小さく、片側の神経細胞数が約5万個。ヒトの脳の約900億個と比べれば格段に少ない。

「求愛への対応も脳が判断しているようです。100年以上も研究され、学問的な蓄積のあるショウジョウバエは扱いやすい」。ハエに魅せられた脳研究の挑戦は、子育てとともに続く。

女性研究者の採用加速

日本の大学で女性の大学院生や若手研究者は増えているのに、今も教授になるのは難しい。女性の昇進を拒む、見えない「ガラスの天井」があるからだとされている。

名古屋大は女性研究者採用加速・育成プログラムを実施する。上川内あづさはその第1回理系女性教員公募で、50人の応募者から選ばれた。優れた女性研究者を見つけ、伸び伸びと研究できる機会を提供する試みだ。

学内には保育園のほか全国に先駆けて学童保育所も設置され、子育て支援も手厚い。上川内は「居心地は良い。チャンスをもらっているので、結果を出したい」と話す。

名古屋大理学部は最近、教授や出身者の中から下村脩ら4人のノーベル賞受賞者を出した。その1人、益川《ますかわ》敏英《としひで》(73)は「女性研究者も活躍できる社会にすべきです。期待しています」とエールを送る。

夕暮れ、学内の保育園から一人娘を抱きかかえて帰宅する上川内あづさ＝名古屋市千種区

厳しい現実、ブルースに

大学で歌う授業を展開 痛み共有する力伝える

文・西出勇志
写真・堀　誠

ギターがブルースのリズムを刻む。東京都内の医療系専門学校で開かれた研究発表会。演奏に集中していたゲスト講師の佐藤壮広《さとうたけひろ》（45）が、階段状になった教室の底の演壇から顔を上げて歌い始めた。

「先生いつもどこに居るんですか？　きかれるたびに答えるよ　俺はお前らの目の前だ」。大学で非常勤講師を務

める佐藤が、自らの境遇に思いを込めてつくった歌「非常勤ブルース」。声は力強さを増し、最後にシャウトした。「ひとコマなんぼの　俺の生活」

不安定で低収入

シャーマニズムや沖縄の精神文化を研究する佐藤は2000年ごろから首都圏の大学で教え始めた。幸い、授業の評判も良い。終了後、学生が寄ってくる。「先生、面白い。話がしたい。いつもはどこに居ますか?」

「最初はつらかった」と佐藤は言う。所属する大学がない非常勤講師に、自分の研究室はないからだ。毎年、同じ質問を受け続けるうち、04年ごろに言葉が口をついて出た。「目の前にいるよ」。「非常勤ブルース」はこうして生まれた。

不安定で低収入。フリーランス大学教師の厳しさを、佐藤はユーモアを交えて歌詞に織り込む。「アルプス1万尺　俺はひと月3万弱♪」

1コマ90分の報酬は7000円程度。月4回で約2万8千円。にもかかわらず講義準備や提出物の採点といった関連仕事は数多く発生する。12年度は、明治学院大、大正大、母校の立教大などで計8コマを担当、首都圏に点在するキャンパスの間を走り回った。研究時間をひねり出すのも大変な忙しさだが、非常勤講師としての年収は200万円台前半にとどまる。

佐藤は授業で「非常勤ブルース」を歌い続けてきた。それは実態を知ってもらうことだけが目的ではない。「〝トホホ〟な体験の共有」が教育の現場に必要だと考えるからだ。

みんなで歌詞をつくって歌う授業で、リズムを刻む佐藤壮広。学生との距離はとても近い
＝東京都港区の明治学院大

自分の弱さ、つらさを戯画的にさらけ出す。そこから他者の痛みを共有できる人間としての力を学生につけてもらいたい。そんなふうに思う。「大学教員は専門の話だけして、人間としての自分を隠す。ただ、自分を開いていくことで『こんな人生モデルもある』と伝えられる。学生を励ますこともできる」

不況下に育ち、就職も困難な時代。そんな学生たちだからこそ、佐藤の言葉を深く受け止める者も多い。明治学院大で授業を受けた大箸優介《おおはしゆうすけ》(23)は「思っていることを話すと『いいじゃん、それ』と言って、やる気にさせてくれた。常に肯定的に接してくれるのがありがたかった」。

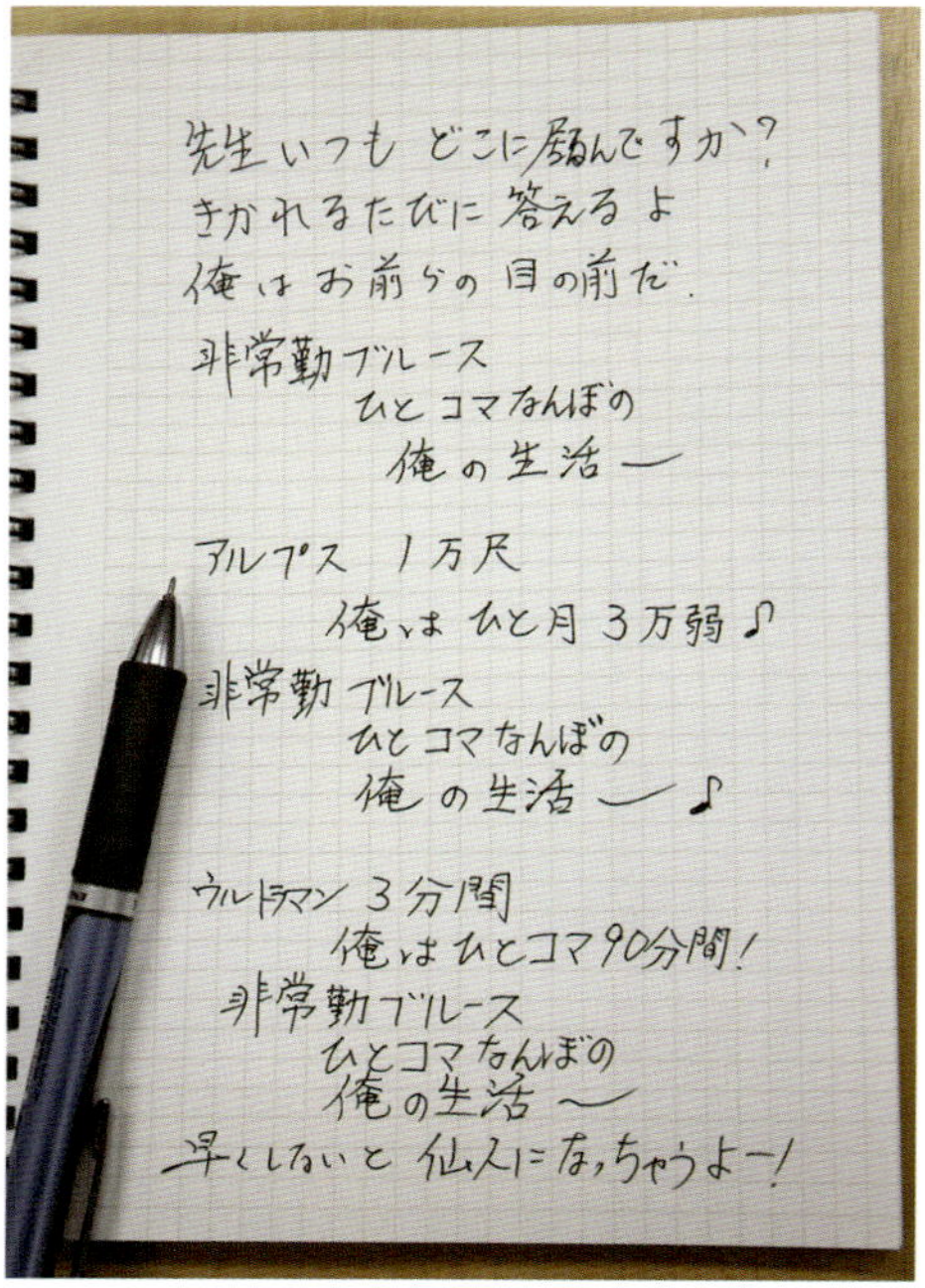

佐藤壮広が自らの境遇に思いを込めてつくった「非常勤ブルース」の自筆歌詞

労働者の自覚

「非常勤ブルース」を歌い始めて10年近い。講演が増え、企業の労働組合にも呼ばれた。そこで再確認したのは自らの置かれた状況。「非正規労働者問題を批評するが、自分もそうなんだとあらためて気付いた。労組で歌うことで実社会と自分をつなぐ回路が開いた」

専門は宗教人類学。ただ、活動を重ねるうち、歌や音楽を用いたコミュニケーションに関する講義が増えた。みんなで歌詞をつくって歌う授業も行う。重視するのは「聴く力」。耳を澄まし小さく弱い声を聴く。そして反応する。米国の黒人奴隷のワークソング(労働歌)を源流に持つブルースには呼び掛け(コール)に呼応(レスポンス)するスタイルがある。虐げられたり弱かったりする人の叫びとしての歌。佐藤が大切にするのは「コール・アンド・レスポンス」だ。

大正大表現学部教授の渡邊直樹《わたなべなおき》(61)は「コマーシャリズ

ムと関係ない、本来のワークソングが立ち上がる現場がある。現代の諸課題を集約して表現している」と歌や授業を評価する。文化人類学専攻の私立大教授の佐藤の妻も、価値を認めて応援してくれるという。

学生依存症

教えた大学は15を超えた。ただ、「大学に欠けている部分を補塡《ほてん》するような働き方は終わりにしたい」と思う。「フリーランスで10年やってきたことを、キャリアとして見てもらえるフリーエージェント制のような形ができないか。最近は自分で大学をつくりたいとも思うようになってきた」

学生と接するのが大好きだ。授業がない時期、気分がふさぐこともある。「学生依存症かもしれない。助けられて、教室に立っている気がする」

明治学院大での「社会参加実習」。歌をつくる授業が終わり、片付ける佐藤に、退室しようとした男子学生の一人が声を掛けた。「先生、後期が終わったら、飲みに行きましょうよ」「うん、行こう」。佐藤も軽く返す。

「ああいう言葉が彼らから自然に出てくるようになるのが、とてもうれしい」。コール・アンド・レスポンスですね。そう言うと、佐藤の顔がほころんだ。

劣悪な労働環境

文部科学省が2012年に発表した10年度「学校教員統計調査」によると、他の定職を持たない専業的な大学非常勤講師は延べ8万2844人。

ただ、複数の大学を掛け持ちする人が多く、実数は3万人前後とみられる。実態などを詳細に把握する公的な調査はない。首都圏大学非常勤講師組合は、1コマ月5万円の実現を訴えるとともに、劣悪な研究環境や労働条件の改善、雇用の安定化、さらに生活実態の調査を求めている。

非常勤が長かった関西の私立大准教授によると、パートナーが働いて助け合うことで生活が成立している場合が多いという。40代後半の都内の私立大教授は「現在の職を得るまでの8年間、関連分野を含め約50の専任教員に応募した。生活が厳しく先が見えないため、アカデミズムの世界を去る人もいる」と話した。

科学の新しい語り部

ニュートリノ実験担う
金髪、ライブ風の講演

文・小川 明
写真・堀 誠

茨城県東海村の大きな実験棟を訪ねると、迷彩服を着た長い金髪の物理学者、多田将《ただしょう》（43）が出迎えた。

巨大加速器J−PARC（パーク）の一角、高さ18㍍、地下19㍍のニュートリノ工場。ここから素粒子の一種、ニュートリノのビームを西に295㌔離れた岐阜県飛騨市神岡町まで飛ばして、地下の水タンクで検出する。ごく軽く、ほとんどの物質をすり抜けるニュートリノの謎めいた性質は物質の根源を探る手掛かりとされている。

その実験の最前線を、高エネルギー加速器研究機構（高エネ研、茨城県つくば市）助教の多田は担う。ロック歌手風の奇抜なファッションに小柄な身を包み、科学の新タイプの語り部としても活躍する。「親しみやすい」と若者の人気が高い。熱狂的なファンは「SHO（ショー）さま」と呼ぶ。

ギャルに人気

埼玉県立川越女子高校で10月末、多田は出張講義をした。金色ネクタイに青シャツ、黒いジャケット、エナメルの黒ズボン。「最も堅気の格好」と言う。生徒約100人にアインシュタインの話から最新の宇宙論の講義を始めた。

宇宙は誕生した直後にビッグバンで急膨張し、温度が下がったことを説明。各生徒に渡した風船を膨らませ、宇宙の構造を実感させる。

提唱者が2013年のノーベル物理学賞に決まった話

題のヒッグス粒子も「素粒子にまとわりつき、質量に当たる〝動きにくさ〟の格差をつくった」と解説。ラジオ番組「ギャルでもわかる素粒子物理！」で美人モデルと対談した時も同じ話をした。

どんな質問にも答える。女子高生たちは「かみ砕いた話で、楽しめた。深遠な宇宙もイメージできた」と感動していた。

3日前の夜には東京・お台場で戦車をテーマに講演した。「仕事帰り」と迷彩服で登場。小学生の頃から〝軍事オタク〟で、今も自衛隊の観閲式を見に行く。「素粒子より軍事に詳しい」と自負する。各国を比較した戦車の技術論が秀逸で面白く、会場を沸かせる。

多才で神出鬼没。前週の金曜夜には東京・銀座のカフェに現れた。狭い会場に若い女性ら約30人が詰めかけ、素粒子論の話に耳を傾けた。例えが巧妙で、笑いが絶えない。講演後も、取り囲んで議論が弾んだ。

迷彩服で作業

高エネ研に就職する前の10年間、宇宙に大量にある暗黒

東京・銀座のカフェで素粒子論を説明する多田将

物質の探索実験に京都大で取り組んだ。超電導磁石や複雑な真空、低温装置を設計。ハンダ付けして修理もした。「研究グループは3人ほど。全部自分たちで作った」。暗黒物質は検出できなかったが、手作りの苦労が糧となった。

高エネ研では、東海村で04年から始まったニュートリノ工場の建設に関わった。現場は太平洋に面している。松の木を切り倒し、砂を掘り返して砂漠のようだった。

電磁ホーンの前に立つ多田将＝茨城県東海村の J-PARC

「これだ」とひらめいて、イラク戦争時に米軍が砂漠で使った迷彩服を手に入れ、作業服に転用した。「中古だから安い。丈夫で、洗濯しても乾きが速い」と気に入る。実験現場の服装は自由で、作業しやすければよい。知らない人は時々「どこのとび職の兄ちゃんか」と尋ねたりした。

京都大の学生時代には手作りしたギターを弾き、短い髪を赤く染めていた。1999年に金髪に転じた。

「美容院が赤く染めるのに失敗した。自分で2、3週ごとに脱色したら、金髪になった。カットもしない。髪が伸びていって自然に切れるので簡単」。アニメのストーリーを引用し、「胸熱《むねあつ》な感じ」が口癖の情熱家だ。

強い責任感

ニュートリノを大量製造し、神岡町の検出器に向けて飛ばすのが任務。風貌と対照的に、当事者として責任感は強い。独身で、毎朝5時に起き、つくば市から車で通う。世界初の試みが多い。「5年間、設計の図面は自分で描いた。毎日徹夜し、休日もなく働いた。今も改良を重ねている」

地下で陽子ビームを標的に当てて砕け散る粒子を、「一番格好が良い装置」の電磁ホーン3台で絞り込む。それからニュートリノを作り出し、2・5秒ごとに発射する。そのたびに「コーン」と甲高い音が鳴り響く。実験で中心部に放射線が発生するため、遠隔操作や放射線の厳重な遮断が欠かせない。そのシステムも自ら設計した。「仕事と趣味は違う。雑用もいっぱいある。好き嫌いだけで仕事を選んではいけない」が持論だ。

思わぬ事故にも遭遇した。東日本大震災で1年間実験が停止、復旧に苦労した。2013年5月にはJ－PARCの別の実験棟で放射性物質が漏れ、再び中断した。「安全をすべてに優先し、地元の信頼を取り戻したい」。機器を交換しながら、14年の実験再開を目指す。

列島横断の素粒子実験

茨城県東海村からニュートリノで岐阜県の検出器スーパーカミオカンデ（地下の水タンク）を狙い撃つ。列島を横切る間に、この謎の素粒子がどう変身するかを探る。地名の頭文字を取り「T2K（ティーツーケー）実験」と呼ぶ。

12カ国から約500人が参加。最も感度が高い素粒子実験の一つで、世界から注目されている。2009年に始まり、13年4月までのデータでニュートリノのミュー型が別の電子型に変わる振動現象を初めて実証した。

実験代表の小林隆《こばやしたかし》高エネ研教授は「今後、ビーム強度を上げる。岐阜県の検出器を20倍に増強する計画なども進めたい」と意欲を見せる。

ニュートリノ実験はノーベル賞受賞者の小柴昌俊《こしばまさとし》東大名誉教授らが開拓、日本が世界をリードする。東海村から撃ち込むビームの先に位置する島根県の隠岐や韓国で測定する構想も出ている。

JAXAフライトディレクター

「絶対に失敗できない」

こうのとり、安全に宇宙へ　夢はいつか自分も

文・渡辺清香
写真・堀　誠

国際宇宙ステーションに物資を運ぶ無人補給機「こうのとり」。8月の4号機打ち上げを控え、宇宙航空研究開発機構（JAXA）筑波宇宙センター（茨城県つくば市）の管制室は慌ただしさを増した。管制官らを束ねるフライトディレクターの一人、内山崇《うちやまたかし》（37）は、打ち合わせや米航空宇宙局（NASA）との合同シミュレーションに追われる。「毎回そうですが、打ち上げ直前はてんやわんやです」

ピンク色のシャツがトレードマーク。疲れていても表情が明るく見えるからだという。「将来は有人化を目指していますが、3回しか飛んだことのない宇宙船なんて乗りたくないですよね」と笑いながら、「安全性を実証できる回数は少ない。だから絶対に失敗できないんです」と厳しい顔も見せる。

寝言

本番になると、管制室には100人近くのスタッフが交代で常駐し、24時間態勢で監視する。20〜30代の若手が中心だ。

中央のフライトディレクター席は複数のパソコンやモニター画面に囲まれ、宇宙を飛行するこうのとりが送信する約6千のデータの中から、必要なものを表示している。装着するヘッドセットは、NASAや宇宙ステーションなど16回線が同時に聞こえ、会話に加わることもできる。

「これよくできているでしょう」と見せてくれたのは、

無人補給機「こうのとり」を運用する管制室の自席前に立つ内山崇。ピンク色のシャツがトレードマーク
＝茨城県つくば市の宇宙航空研究開発機構筑波宇宙センター

ファンから贈られた、こうのとりのビーズ製キーホルダーが自席につるされていた＝茨城県つくば市の宇宙航空研究開発機構筑波宇宙センター

自席につるされているこうのとりのビーズ製キーホルダー。「一般の人からもらいました。太陽光パネルも、ステーションに接続する部分もちゃんとあって」。手の中できらきら光る。

こうのとりのフライトディレクターは現在６人。２０１２年７月の３号機の打ち上げでは、若手の内山が６人の中心的な役割を担った。「宇宙ステーションにドッキングするまでが一番緊張しました」と振り返る。

準備したことは起こらないという〝ジンクス〟がある。１年４カ月にわたり、あらゆる故障や事故を想定した訓練やリハーサルを繰り返し、２千通りに及ぶ運用手順の調整を重ねた。

それでも、打ち上げが近づくと熟睡できなくなった。高速で飛行するこうのとりが宇宙ステーションに万が一衝突したら……。夜中に突然起き上がり、思い付いた確認事項をメモする。「妻によると、英語か日本語か分からない寝言を話し、うなされていたそうです」

ものづくり

10歳のとき、米スペースシャトル「チャレンジャー」の爆発事故をニュースで見て「こんなに大きなものを宇宙に飛ばせるのか」と衝撃を受けた。未確認飛行物体（ＵＦＯ）やＳＦの世界にも興味があり、「宇宙に関わる仕事がしたい」と思うようになった。

東大大学院を卒業後、当時の石川島播磨重工業（現ＩＨＩ）に就職。ちょうど日本版スペースシャトル「ＨＯＰＥ」計画が凍結になり、建設中の国際宇宙ステーションに実験装置や食料を運ぶこうのとりの開発が始まったころだった。

内山は、機体中央部に搭載される荷台関連の設計や開発に携わる。宇宙空間にさらされる実験装置を積み込むものだ。１日10時間以上パソコンで図面を描く作業が続き、「視力が下がりました」と苦笑い。上司も厳しかった。添削された図面はいつも真っ赤だった。

08年、ＪＡＸＡに転職。技術者としてだけでなく、こうのとりを使って宇宙で何ができるのか考えてみたいと思ったからだ。約2年間の訓練を経て、フライトディレクターになった。

「6人のフライトディレクターにはそれぞれ得意分野があり、みんなで全体をカバーしています」。トラブルが発生すれば、瞬時の判断が明暗を分けることもある。「こうのとりの細かい構造を知っているから、状況判断に役立つ。ものづくりから経験できたのは幸運でした」

宇宙飛行士

12年9月、役目を終えた3号機は大気圏に再突入し、一部が南太平洋に落下した。内山は、燃え尽きる3号機からデータを取り出そうと、最後まで遠隔操作を続けた。「3号機の通信が途切れたとき、寂しい気持ちになりましたか」と聞くと、「いやもう、いろいろトラブルもあって大変だったので……。せいせいしましたね」と笑った。

こうのとりに関わって約12年。実は内山は、08年の宇宙飛行士選抜試験に挑戦し、最終選考の10人に残った。合格した一人、パイロット出身の大西卓哉《おおにしたくや》は大学の同期だ。同じ研究室に所属していたが、お互い宇宙飛行士を目指していることは知らなかった。

「いつか自分がつくった宇宙船で宇宙に行きたい。その夢は、まだ捨てていません」

こうのとりの活用

文部科学省宇宙利用推進室によると、国際宇宙ステーション無人補給機「こうのとり」は、2015年までに計7機の打ち上げが決まっている。16年以降は未定だが、他の補給機に比べて運べる物資量が多いなどの利点から、米政府は打ち上げ継続を求めている。

こうのとりは使い捨てで、大気圏への再突入時に大半が燃え尽きてしまう。宇宙航空研究開発機構は10年から、一部をカプセル型の回収機に改良し、ステーションで積んだ荷物を地球に安全に持ち帰るための基礎研究を続けている。

将来の有人宇宙船開発につながる技術だが、使える予算は年間5000万円程度。同機構の宇宙船技術センター技術領域総括の鈴木裕介《すずきゆうすけ》は「こうのとりの打ち上げ機会を利用し、研究を進める必要がある」としている。

「人類初」を作る喜び

指先に乗る光センサー
ノーベル賞にも貢献

文・辻村達哉
写真・萩原達也

ブラウン管テレビの中で真空管が光る。後ろの板に開いた穴から、そのオレンジ色の輝きを眺め、心をときめかせる。そんな小学生だった。

「電気は不思議だなあ。目に見えないのに、物を動かすことができる」

ラジオにオートバイの部品、と身の回りの物を分解して遊んでいた久嶋浩之《きゅうしまひろゆき》（56）は今、光技術のエンジニアとして腕を振るう。「人間が考えることは大したことないですよ。１００年もすれば、できてしまう」

職人技

浜松市で生まれ育ち、地元の工業高校を出て１９７５年、浜松テレビに入った。光技術の世界的企業、浜松ホトニクスの前身で当時の社員数は約６００人と今の７分の１。工場見学に行き、自由な雰囲気が気に入った。

製造部で主力製品の光電子増倍管を開発しながら、市内にあった静岡大・工業短期大学部の夜間部で３年間勉強した。「会社から通う人は多かった。職場全体がすごく勉強していましたね。ただ体力的にはきつかった」

光電子増倍管は高感度の光センサーだ。光を受けてマイナスの電気を帯びた電子を出す金属の薄膜「光電面」と、電子を加速し次々と電極に当てより多くの電子の流れをつくる「電子増倍部」、その流れを最終的に受け止める「陽極」。これらをガラスの管に入れ、真空にした構造を持つ。

光電子増倍管の仕上げに向けた作業を見守る久嶋浩之（右）。昔と同じ１本ずつ手作りする
＝静岡県磐田市の浜松ホトニクス豊岡製作所

久嶋は部品を金属線でつなぐ継線工程から始め、数年ですべての工程ができるようになった。

お気に入りは「魂を入れる工程」。半日かけて管の中を真空にした後、化学反応で光電面を作る。「黒い色が琥珀《こはく》色に変わる。どこで反応を止めるか、昔は目で見て決めていたものです」

職人技を身につけつつも、大きな疑問が頭の中に引っかかっていた。この真空の管の中で、電子はどう動いているのか。

カミオカンデ

「電子の状態を知りたい。それを基に設計すれば電子増倍部はもっと良くなり、仕事が増える」

79年、久嶋は製造部に所属したまま、技術部の伊藤益保《いとうますお》(67)の下で基礎から勉強を始めた。

今はパソコンで電子の動きをシミュレーションできる。当時は性能がはるかに劣るコンピューターしかなく、欧米の大手企業も研究途上だった。

ちょうどそのころ、東京大教授だった小柴昌俊《こしばまさとし》(87)(現名誉教授）から直径50センチという世界最大の光電子増倍管を開発する話が持ち込まれた。伊藤の発案で実物大の模型を作り、電子の動きを調べることになった。

水槽に水を張り、電子を出す光電面の断面を模したアルミニウム板を立てる。板に電圧をかけ、上から針を水面に差し入れると、電気の力で動く。その軌跡から電子の動きが分かる仕掛けだ。

久嶋は連日、朝から板の曲がり具合を少しずつ変える試行錯誤を繰り返し、2人で議論を重ね、小柴の要求にかなう光電面の形を絞り込んだ。

この光電子増倍管千個を3千トンの水タンクの内側に並べた実験装置カミオカンデ（岐阜県飛騨市）は87年、星の大爆発で発生した素粒子ニュートリノが水と反応して出るかすかな光をとらえた。小柴は2002年のノーベル物理学賞に輝いた。

久嶋の指先に乗る超小型の光電子増倍管「μ（マイクロ）PMT」＝静岡県磐田市の浜松ホトニクス豊岡製作所

アイデア

「こういう形にすると特性が良くなる」

実験から5年ほどたち、久しぶりに一緒になった製品開発の会議で意見を言う久嶋に伊藤は驚いた。「ポイントを的確につかみ、自分のアイデアを出していた。すごく力をつけたなと感心した」

久嶋はカミオカンデを継ぐスーパーカミオカンデの光電子増倍管開発も任された。「非常に堅実。おかげでカミオカンデとは比較にならない高性能が実現できた」と小柴の弟子で高エネルギー加速器研究機構（茨城県つくば市）機構長、鈴木厚人《すずきあつと》（67）は振り返る。

久嶋は現在、浜松ホトニクス豊岡製作所（静岡県磐田市）で約90人を率いる。最近の自信作は指先に乗る超小型の光電子増倍管「μ（マイクロ）ＰＭＴ」だ。

厚さ1ミリのシリコン基板を深さ0・9ミリまで彫って加工し、ガラス板で挟むだけ。手作りが基本の光電子増倍管を、世界で初めて大量生産できる形にした。医療機器への応用が検討されている。

「アイデアから製品化まで13年かかった。誰もやめろと言わないのが、うちの会社の強み。性能はスーパーカミオカンデ並みで、壊れにくい。理想の光電子増倍管です」

人類が初めて見る物を作る。アイデアが形になり、動く。それが無上の喜びだと久嶋は言う。

「不安を感じたことはない。失敗してもいい。それくらいの目標でなければチャレンジしない」

夢は、と尋ねた。

久嶋は紙をひらひらさせて笑った。

「こんな究極の光センサーを作ることです」

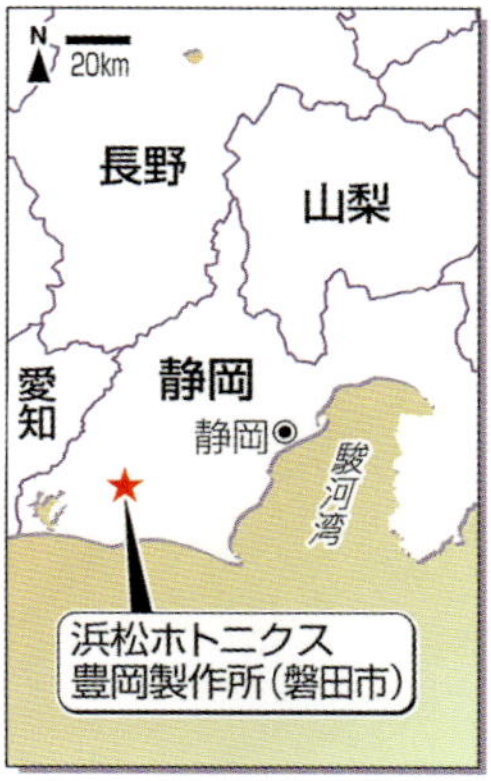

陰り目立つものづくり

ものづくり産業とも呼ばれる製造業は日本の基幹産業として雇用や貿易立国を支えてきた。しかし近年、陰りが目立つ。

最新版の「ものづくり白書」によると、自動車産業を中心に海外生産が拡大する一方、国内生産は頭打ちとなっている。

2013年2月の製造業全体の生産水準はリーマン・ショック前のピークだった08年2月の約8割。特にエレクトロニクス産業の競争力が低下し、明るい展望が開けていない。

競争力の源泉となる研究開発への投資もほぼすべての業種で減り、製造業全体で07年の12.2兆円から10年には10.5兆円に。その中身も既存技術の改良など短期的な研究開発が増えている。

白書は、短期的成果を求める傾向が強まり、時間をかけて革新的な技術を開発し育てることが難しくなると指摘している。

埼玉県が県内各地で開く無料の学習教室で勉強を教える白鳥勲
＝埼玉県ふじみ野市の特別養護老人ホーム

1対1から始まる希望

子どもの復元力に懸ける　断ちたい「貧困の連鎖」

文　・野沢昭夫
写真・萩原達也

埼玉県ふじみ野市の特別養護老人ホーム（特養）。夕食が終わって空いた食堂に、次々と中学生がやって来た。「今日は何の勉強をしようか」。白鳥《しらとり》勲《いさお》(67)がさりげなく1人の生徒の横に座り、マンツーマン学習が始まった。

生活保護世帯の子を対象に、埼玉県が各地の特養の一室を借りて開いている無料の学習教室。白鳥はその事業を受

託する「彩の国子ども・若者支援ネットワーク」（さいたま市）の代表理事で、高校の教員ＯＢだ。

もがく

無料教室は、生活保護世帯で暮らす子の高校進学率が低い現状を踏まえ、２０１０年秋にスタート。十分な教育を受けず社会に出た子が、大人になって再び生活保護を受ける「貧困の連鎖」を断つための事業だ。

教えるのは、教員ＯＢや社会福祉士ら専属スタッフ、大学生ボランティア。当初5カ所だった教室は、12年度に17カ所、６７０人が学ぶように。進学率アップなどの成果もあって「教育と福祉の谷間を埋めるモデルケース」として、全国から視察が相次ぐ。

白鳥は同県川口市で生まれ育った。当時は鋳物の町工場が軒を連ね、映画「キューポラのある街」の世界そのもの。工業高校から「たまたま入れた」東京教育大（現筑波大）へ。「普通に勉強を教える教員になる」と思っていたが、赴任先はいわゆる教育困難校だった。

学力や行動に問題のある生徒が目立ち、家族の不和や生活苦といった苦悩を抱えていた。大人に心を閉ざし、いつ事件や問題が起こるか分からない。「何とかしたい」。白鳥はもがき続けた。

落ち葉

とことん付き合い一緒に悩んでも、なかなか立ち直れない生徒たち。試行錯誤するうち一人一人と順次、短時間でも対話していくのが日課になった。「懐に飛び込むしかなかった。生徒って、大人から人として尊重されていると感じると、ちゃんと応えてくれるものです」。教員生活の多くを困難校で過ごしながら、1対1の関係を地道に築き上げるのが白鳥のスタイルになった。

だが、00年ごろから、生徒をめぐる環境の変化が教育面にも重くのしかかる。ぎりぎりの収入で暮らす家が増え、病気やけがなど家族に何かあると、すぐ修学旅行の積立金が払えなくなった。

生徒に向き合う親の変化にもはっとする。以前なら問題

無料の学習教室代表

を起こした生徒の家を訪ね、退学届の書類に印鑑をもらおうとしても親たちは「もう一回チャンスを下さい」と必死に頼んできた。だがそのころを境に、普通の生徒が学費の滞納やアルバイト疲れを理由に進級がままならなくなり、あっさり判を押す親が増えた。

「日々の生活と仕事で精いっぱい。子を愛し心配していても、注げるエネルギーがない。葉が落ちるようにさらさらと辞めていきました」

学力が極端に低くなる〝底抜け〟の実感もそのころから。分数や余りの出る割り算などの問題が解けないまま高校に入学してくる生徒が出てきた。

「校門の中だけでは、どうにもならない」と痛感した白鳥は7年前、無料の教育相談や学習指導に取り組む教員仲間の輪に加わった。だが「ボランティアの志に頼り、相談を待つ活動では限界がある」と思い知る。ちょうど県が無料教室の事業で委託先を募集すると知り、迷わず手を挙げた。

砂地に水

手始めは、中学生のいる生活保護家庭を回り、無料教室に誘うことだった。そうした家庭の実情は知っていたはずだったが、「予想以上に厳しい現実」に息をのんだ。塾はおろか自分の机はなく参考書も買えない。「病気の親に代わって家事をしたり、幼いきょうだいの面倒を見たりする子もいた。多くは一人親で働きづめでした」

白鳥が衝撃を受けたのは、ほぼ6人に1人が不登校だったこと。「いわゆる不良ではなく、ごく普通の子がひっそりと引きこもっていた。幼少期から分からないことを質問したり、答えてくれたりする大人が周りにいない。甘えたり頼ったりする力が決定的に欠けていました」。多くの子の学力は小学3、4年レベルだった。

埼玉県は無料の学習教室に通う中学生を対象に、就労体験の合宿を開いた。学習教室のスタッフやボランティアが、キャンプファイアで子どもたちと輪になった＝埼玉県長瀞町

何度も誘って無料教室に来る子もいる。最初に白鳥が必ず掛ける言葉は「ここは安心して分からないことを分からないと言っていい場所だから」。その意味を悟った子は、乾いた砂地に水が染み込むように勉強し始め、成長する。そういう姿を何度も見てきた。

気づけば、取り残された子に寄り添うことが、ライフワークに。「子どもって案外、たくましいし復元力がある。だから必要以上に悲観も楽観もしなくていいんです」。白鳥は今日も1人の子と向き合っている。

経済格差と学力格差

子どもをめぐる貧困の現実は深刻さを増している。裏付けるデータの一つが「子どもの貧困率」だ。所得が平均の半分を下回る家庭で暮らす、18歳未満の子どもの割合で、2009年で15.7％（厚生労働省発表）。約6人に1人が貧困の状態にある。大人（親や18歳以上のきょうだいなど）が1人の世帯に限ると、50.8％に上る。

就学援助の支給対象となる小中学生も増え続けている。自治体が、経済的に苦しい家庭に給食や学用品の費用を補助する制度で、11年度は約156万人と過去最多。親の経済力の差が子どもの学力の差につながることは、さまざまな研究データで明らかにされている。

こうした状況を背景に、ボランティアや自治体が無料で学習支援をする活動は、数年前から全国各地で広がりつつある。

第4章

環境、過疎に取り組む

女性ハンター／
五つの仕事／
マングースバスターズ／
エコツアーガイド／
移動販売／
自然観察指導員／
離島経済新聞編集長

女性ハンター

シカとの駆け引き魅力

撃ち、解体し、食べる 農林業被害減らすため

文・志田　勉
写真・堀　誠

スキーを履き、呼吸を整えて忍び寄る。沢沿いにたたずむエゾシカとの距離は約20㍍。「いける」。上野《うえの》真由美《まゆみ》(36)が引き金をひくと、銃声が山裾の静けさを破った。

北海道釧路市阿寒町。弾は体長1㍍の雄の胸に命中した。「めっちゃ、うれしい」と声が弾むが、すぐ神妙な顔に。「ありがとう」。心の中で大自然の恵みに感謝し、1人で解体

まだ雪が残る原野で銃を構える上野真由美。今シーズンは11回出猟し、6頭捕獲した＝北海道釧路市の山中

を始めた。ナイフで皮を剝《は》ぎ、骨を切る。内臓は手袋をつけ、取り出す。頭上の鉛色の空にカラスが集まった。

額の痛み

地方独立行政法人北海道立総合研究機構環境・地質研究本部環境科学研究センター道東地区野生生物室（釧路市）。45文字の名称が上野の勤め先だ。「何の組織って、よく聞かれます。どう省略するか悩みますね」

北海道だけにすむエゾシカの推定生息数は約64万頭で、農林業被害額は約64億円（２０１１年度）。上野は研究主任として生態研究や被害対策を担う。休日は狩猟で山へ。仕事も趣味もエゾシカが相手になる。

猟銃を持つきっかけは8年前。北海道大大学院修士課程のときだった。エゾシカの食べ物が研究テーマ。ふんを小枝で挟んで採取、分析した。「わぁー」と大声で驚かせてふんを出させる作戦。さらに胃の内容物を調べるため、猟銃の所持許可を受けた。

当初は、射撃練習を終え自宅アパートに帰るたび、鏡で顔を見た。「眉間が割れた」と思うほどの痛み。撃つとき、右肩で銃をしっかり受け止める必要があるが、怖いと肩を引いてしまう。スコープ（照準器）が跳ね上がり、額に当たる。

この反動恐怖症を克服しようと、額にタオルを巻き練習した。

3年前、銃を買い替えた。反動が少なくなり、狩猟が楽しみになった。今シーズン（13年）は11回出猟し、6頭捕獲。エゾシカとの駆け引きに魅力を感じる。「必ず勝つわけではない。逃げられると、野生のすごさを感じ、自分はちっぽけな存在だと思う」。それだけに、命中すると達成感がある。

撃ったシカは解体後、持ち帰る。中腰の解体作業は数時間かかる。重さ30キロにもなる肉の運搬も仲間のハンター頼りだ。

肉は低脂肪で鉄分が豊富。「ヘルシーで女性向き」とメニューにする飲食店も増えつつあるが、消費者へ流通する仕組みは十分ではない。「1人で食べきれない。人にあげるか、冷凍庫に入れたまま」とため息をつく。

無職も経験

大阪府松原市で府職員だった豊《ゆたか》(65)と専業主婦真貴《まき》(63)の次女として生まれた。高校時代は生物研究部。大阪市立天王寺動物園の飼育係から「ゲーム理論」を教わった。

エゾシカの親子が姿を現した。民家の間近にも出没する＝北海道釧路市阿寒町

タカとハトが共存している理由――。ハトはタカに負ける。だがタカはタカ同士で闘うので淘汰《とうた》され、タカだけの世界にはならない。生態学理論の話をきっかけに野生動物に興味を持ち、大阪府立大獣医学科に進学した。

当時、北海道でエゾシカ被害が深刻化。父の豊は大阪で獣医師になることを勧めたが、「病気を治すより、人間と摩擦が生じている野生動物の問題に挑戦したい」と卒業後、北の大地に向かった。

今の仕事に就くまで順調ではなかった。途中3度、無収入に。札幌市のDVDレンタル店でカード申込用紙に「無職」と書いたとき、ショックを受けた。「大学を出て獣医師免許を持っていても、自分の居場所がないと実感しました」

流れに逆らう

エゾシカの被害を少なくするには生息数を減らすしかない。上野は今冬、車で移動しながら撃つ新しい捕獲対策の

企画立案に関わった。外の作業で2週間休みなし。

「疲れちゃって」。狩猟のイロハを教えた工藤憲夫《くどうのりお》(64)は最近、上野の弱気な声を電話で聞いた。エゾシカ被害対策は環境省や北海道、警察との調整がある。「偉い人でも考え方が違うなら同調しません」と上野。工藤は「一生懸命だから、ストレスになるのだろう」と娘のように思いやる。

12年8月に結婚。夫の日野貴文《ひのたかふみ》(35)も札幌市近郊の酪農学園大でエゾシカと森林の関係を研究、離れて暮らしている。「子どもは欲しいけど、仕事があるし。時は待ってくれないし……」。少し間を置いてから続けた。「でも、今の仕事に就けて本当に幸せ。早く一人前の研究者とハンターになりたい」

印象に残っている映画がある。全寮制の男子高校に俳優ロビン・ウィリアムズ演じる教師が赴任。名誉、伝統、規律に縛られている生徒に教科書を破り捨てさせ、語りかける。「流れに逆らってでも、自分の歩みだけ見つけろ」

映画の日本語タイトルは「いまを生きる」。上野は、この言葉の尊さをかみしめる。銃でエゾシカを仕留めるたびに。

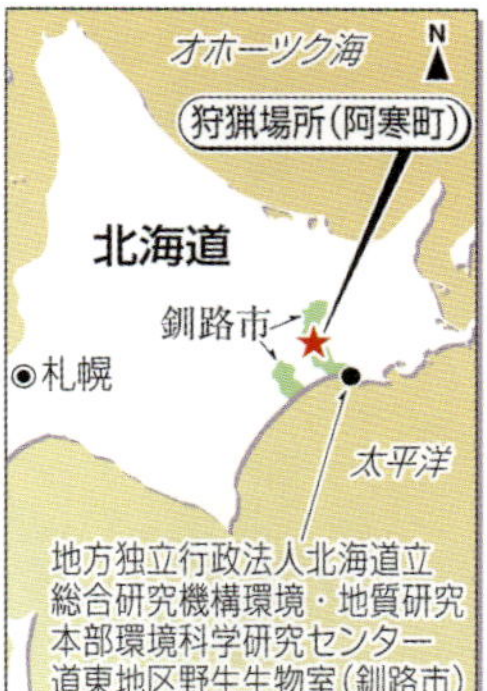

ハンター減で駆除困難に

ハンターが減少する中、野生鳥獣による農作物被害をどう食い止めるのか。害獣駆除の在り方が岐路に立たされている。

野生鳥獣の農作物被害額は2011年度に全国で約226億円(農林水産省調べ)。ここ10年ほどの間、200億円前後で推移している。シカ、イノシシ、サルが全体の7割を占める。

環境省によると、10年度の狩猟免許所持者は約19万人。20年前と比べ、約10万人減少した。

特に39歳以下の免許所持者は全体の6.3%しかいない。レジャーの多様化のほか、1丁10数万円する銃やその管理費が、若者のハンター離れを加速させているという。

環境省は「狩猟の中核となっている60代以上のハンターがいなくなれば、害獣駆除が難しくなる」と危機感を強めている。

五つの仕事

ヒントは暮らしの中に

食堂、本作り、旅の企画……移住者の呼び込み役も

玄界灘に面した福岡県福津市の津屋崎地区は風光明媚《めいび》な漁師町。漁港から路地に入ると、曜日ごとに店主が代わる不思議な食堂がある。改装した築１００年の古民家。毎週金曜日に営業する「食堂たねの木」を切り盛りするのは都郷《とごう》なび(30)だ。近所の人からもらった野菜や、近くの直売所で買った魚を前日から仕込んだ定食には、どこかほっとする味がする。

コンセプトは「暮らしのお裾分け」。この日のメニューは地元で採れたタケノコの煮物に、ホウレン草やタマネギのサラダ、玄米にみそ汁。近所の人が集まってくる。

文・岡本拓也
写真・萩原達也

マルチ

食堂をはじめ、都郷は五つの仕事を持っている。お年寄りの半生を本にする「聴き書き屋」、津屋崎の魅力を知ってもらう旅行の企画、地元の神社で挙げる結婚式のコーディネーター、そしてカメラマン。津屋崎に根差し、マルチにこなして暮らしている。

京都市で生まれ育ち、大分県の大学に進学した。卒業後、北海道旭川市の牧場で牛の世話に明け暮れ、山形県の地域おこしのＮＰＯ法人でも働き、生き方を模索した。九州に戻り、福岡県のレストラン経営会社で働いていた２００９年春、祭りに誘われ訪れたのが津屋崎だった。

そのころ、町おこしの拠点「津屋崎ブランチ」が設立された。福津市が津屋崎地区への移住者誘致事業をＮＰＯ法人に委託した。「誰かスタッフに適当な人はいないか」と

「食堂たねの木」で店主を務める都郷なび。昼のメニューは地元の食材をメーンにした献立＝福岡県福津市

紹介を頼まれた都郷は自ら手を挙げた。

移住希望者の相談対応などを担当、契約期間は1年半だった。「これからも津屋崎で仕事をしたい。でもどうしたら……」。ヒントは津屋崎の生活の中にあった。

紡ぎ屋

かつて製塩業で栄えた津屋崎も、古い家は取り壊され、昔ながらの白壁の町並みは少なくなっていく。空き家も増えた。

「ここで暮らしたお年寄りの生きた証しを残してあげたい。『昔と今』をつなげる仕事はできないか」。始めたのは「聴き書き本」作りだった。傘寿や米寿のお祝いとして、家族から頼まれた自分史の本の制作。自宅を何度か訪問し、話に耳を傾ける。屋号は「紡ぎ屋」に決めた。

依頼者のある女性は、子どものころに母親から厳しくしつけられた。「なぜ母としての愛情を注いでくれなかったのか」と、ずっと心にわだかまりを持っていた。

年老いた母のインタビューに女性は同席した。都郷に促され、少しずつ話しだす母。両親から「女でも一芸を極めろ」

五つの仕事

昔ながらの白壁の町並みが残る津屋崎地区＝福岡県福津市

と厳しく育てられ、娘にもそう接したこと、男社会の中で仕事に人生をかけてきたこと……。この告白をきっかけに、母子のぎくしゃくした長年の関係が解きほぐされた。

これまで4人の人生を本にした。「本作りは家族関係を結び直す手段。家族の中に入っていく作業は奥が深い」

都郷は、津屋崎の日常を味わう旅の企画にも取り組んでいる。その一つ「子育て体験の旅」に参加したことから、靴職人の田中立樹《たなかたつき》（31）と妻の知絵《ちえ》（36）は東京から津屋崎に移り住んだ。

東京電力福島第1原発事故が起き、田中夫妻は幼子2人の将来を考え「暮らし方を見つめ直そう」と、九州への移住を考えていた。

11年11月、都郷らの案内で2日間、津屋崎の町並みを巡り、幼稚園や不動産屋など生活に必要な施設を見て回った。

生活の糧

印象的だったのが、地元に伝わる藍染めの文化。移住先として熊本県の阿蘇地方なども候補だったが、興味を持っていた植物などの天然素材を使った染色に取り組むグルー

プを紹介され、「ここでいいか」と決めた。

今では自宅の一室に工房を構え、革靴やアクセサリーの制作で生計を立てている。染色も作品に取り入れ始めた。海に沈む美しい夕日が望める日は、子どもと近くの浜辺を散歩するのが楽しみだ。立樹は「不安もあったけど、何とかなるとも思っていた」。

都郷らが呼び込み役になり、津屋崎に根付いた人は約80人になった。そのうちの1人が近所に喫茶店を開き、情報交換やサークル活動で人が集まる場ができた。

ただ、都郷の仕事がすべて順調というわけではない。結婚式のコーディネーターとしての実績はまだ2件。カメラマンの仕事もこれからだ。

就職や仕事の話をするとき、無意識のうちに会社で働くことを考える人は多いが、都郷は違う。「人に喜んでもらって生活の糧を得るのが仕事だとすれば、会社勤め以外の選択肢はたくさんある。私は暮らしの中で見えたものが仕事になった」。仕事の数はまだ増えるかもしれない。

地方への移住

NPO法人ふるさと回帰支援センター（東京）によると、リーマン・ショックや東日本大震災の影響で、地方への移住について30代、40代の相談者が増加。センターは「ライフスタイルを見直す子育て世代が増えている」と分析している。

移住希望地は、従来は首都圏近郊が人気だったが、同センターの2012年ランキングでは2位岡山県、4位香川県など上位10位に西日本から7県が入った。原発事故の影響に加え、温暖な気候も好評だという。

総務省は過疎地に若者を派遣する「地域おこし協力隊」事業を09年度から開始。受け入れ自治体に隊員1人当たり年間最大400万円を交付し、12年度は207自治体で617人が活動した。12年には協力隊がモデルのドラマ「遅咲きのヒマワリ」も放映された。

マングースバスターズ

「彼らに罪はないが……」

文・諏訪雄三
写真・堀　誠

根絶目指し3万のわな
貴重な生き物襲い繁殖

鹿児島県の奄美大島。林道を歩きながらアマミノクロウサギの丸いふんを見つけては表情を緩める2人の男がいた。数が多いと、それだけ天敵のマングースが減っていることを意味するからだ。

ハブ退治

特別天然記念物のアマミノクロウサギは夜行性。敵を避けるため見通しの利く場所で排せつする習性がある。

マングースを駆除するバスターズを率いる環境省那覇自然環境事務所の阿部慎太郎《あべしんたろう》(49)と、直接駆除を手掛ける西真弘《にしまさひろ》(40)が辺りを見回す。コロコロしたふんがあちこちにあり、思わず手に載せて確認する。

マングースはハブ退治のため1979年ごろ持ち込まれた。敵はなく、繁殖力が強いために急増、他の貴重な生き物を餌にした。島の自然は大きく乱れ、アマミノクロウサギなど多くの種が絶滅の危機にひんしたという。

ピンク色のテープが巻かれた木を目印に林道から山に入った。常緑の広葉樹林、光は地表に届かず草は生えていない。湿った枯れ葉が覆いスパイク付きの長靴でも滑る。

通りそうな場所を選んで約50㍍に1カ所の割合で塩化ビニール製の筒形の捕殺わなを置く。わなには塩漬けの豚の脂を仕掛け、マングースのように頭から尻尾の付け根まで30～40㌢ある動物が餌を引っ張ると、バネの力で胴の後ろの部分をひもで締め付け死に至らしめる。

山の中に仕掛けたマングースを捕らえるわなをチェックする阿部慎太郎（右）と西真弘＝鹿児島県奄美市

もともとイタチなどを捕獲する金属製のかごわなを使ったが、アマミトゲネズミなど他の貴重な生き物もかかる。逃がすために毎日の点検が必要となり効率が悪い。そこで改良し、小動物は逃げられるようにした。

見回りながら谷に着くと、今度は急な勾配を上り同じ林道に戻った。1時間で約15カ所、歩数計を見ると5千歩にも満たないが、汗が止まらず足も動かなくなる。この日、成果はなかった。捕殺わなの数は全島で約3万に上る。それらを定期的に点検するため、バスターズは平日はほとんど山に入るという。

獣医師

阿部は獣医師になるため都内の大学を卒業、恩師が実験用サルの飼育・繁殖を故郷で始めることになり奄美に移り住んだ。同時に「生き物のことに関わりたい」と考え、増えていたマングースの調査を88年ごろから仲間と始めた。

分布状況や影響を知るため、目撃情報に加え、わなを仕掛けて生け捕りに。薬で眠らせ心臓から血を抜いて殺し、胃や腸から何を食べているかを探り、子宮を開いて繁殖状況を見た。

「最初の何回かは『ごめんね、ごめんね』と繰り返し泣いた。3千匹目までは数えた。命を守るために獣医師になったのにと自問自答した」

この経験を買われ、99年に役所入り。民間から買い取る方式で2000年、マングースの本格駆除を始めた。外来生物法施行をきっかけに05年から専門の従事者を雇い、西ら12人のバスターズを結成。今では総勢42人と探索犬3匹の態勢だ。

全島をいくつかの区域に分け、空港のある島北部の区域から根絶する作戦だ。最初は05年度から10年間での完全排除を目指したが、目標達成は難しく13年度からの10年間に切り替えた。捕殺は年4千匹以上の時期もあったが、今は200匹まで減った。推定の生息数はピークの20分の1、約300匹になったという。

根絶に向け工夫にも余念がない。「おびき寄せる餌に最初は赤肉を使ったが、腐敗がひどいので塩豚に変更。肉屋で買った脂身を自分たちで漬けている」と西。「布に麺つゆ、ソースなどを染み込ませたり、麺つゆを寒天で固めたりしてどれを好むかも探っている」

ハンター

環境省の奄美野生生物保護センターでは、捕獲したマングースを育てている。わなや餌を工夫する実験に使うためだ。

飼育係の新納晃幸《にいのてるゆき》(39)が金属のかごに入れて持ち上げてくれた。低い声で威嚇する攻撃的な姿勢、厳しい目が印象に残るどう猛なハンターだ。

命を奪うことに新納も「人間の勝手だけど、島の固有種を絶滅させるわけにいかない」と話す。

アマミノクロウサギの生息域は拡大し生態系も回復してきた。だがマングースの根絶を証明するにはわなを仕掛け続け、センサーカメラで監視し、ふんがないか徹底的に調べる必要がある。

わなや餌の工夫のため奄美野生生物保護センターで飼育されているマングースと新納晃幸=鹿児島県・奄美大島の大和村

阿部が言う。

「野生化した犬、猫も敵だ。外来種や逃げたペットが増えたのは人の無知と強欲が理由。彼らには罪はないが、生きてもらうのは困る」

外来種を移入する際、在来種にどのような影響をもたらすのかという想像力の欠如が、取り返しのつかない事態を招く。元に戻すには気の遠くなるほどの労力がいる。

外来生物の駆除

マングースだけでなく、アライグマやタイワンリス、ブラックバスなど80種類を超える外来生物が、もともといた生物の生存を脅かすとして駆除の対象になっている。対策強化のため国は外来種被害防止行動計画や侵略的外来種リストの検討も進めている。

このうちマングースは中東からマレーシアにかけ生息する。ハブ退治を理由に沖縄には1910年、奄美大島には79年ごろに持ち込まれた。沖縄では飛べない鳥ヤンバルクイナが減少する要因の一つで、環境省が奄美と合わせ年2億円以上かけ駆除している。

19世紀にはネズミ退治のため世界各地の島に移入されたが同様に生態系をかく乱、駆除の対象となっている。しかし、奄美大島のような大きな島で完全に排除できた例はない。

エコツアーガイド

必要以上奪ってはならない

白神山地の魅力伝え　ブナ原生林を次世代に

文　・大沼祐輔
写真・金刺洋平

木漏れ日の中、山道を登る。風が吹くと木々がざわざわと音を立て、鳥のさえずりが遠くから聞こえる。青森・秋田県境にある世界自然遺産、白神山地でガイドを務める工藤光治《くどうみつはる》（71）は体験学習にやって来た地元の中学生らを案内しながら、ときどき足を止める。

「何でも目に入ってくるんだよ」と笑い、植物の利用法

地元の中学生を案内する、白神山地でガイドを務める工藤光治＝青森県西目屋村

や動物の生態を丁寧に説明する。この草は胃腸薬になる。クマはブナの木に登って実を食べる。「昔は人間もブナの実を食べていた。おいしいから食べてみて」

戸惑いながら口に入れた男子生徒が「ピーナツみたいな味がする」と言うと、ほかの生徒も実に手を伸ばした。工藤はうれしそうに目を細めた。

マタギ

白神山地の麓にある青森県西目屋村出身の工藤は、ツキノワグマなどを求めて山を巡る「マタギ」だった。

進む道を決めたのは中学生の時だ。父も兄もマタギで、小さいころから山に親しんできた。ごく自然な流れだった。

卒業後、すぐに見習いとなり、先輩たちに付いて技術を学んだ。

クマ猟では、5、6人のチームを組む。クマの動きを観察して指示を出す者、クマを追い立てる者、追われて目前5㍍ほどに迫るクマを猟銃で撃つ者と、それぞれ役割が決まっていた。

初めて猟に行く日の前夜、仏間で向かい合って座った父の言葉が忘れられない。「動物を殺すときには鬼のような心にならないといけない。動物を殺すたび、また鬼になる。『又鬼』で、マタギというのだ」

自分は鬼になれるのか。「生きるには、どうしても動物の命を頂かなければならない」

技術と心構えを学ぶうち覚悟が決まっていった。20歳で初めて銃を握った時、迷いはなかった。

これまで約70頭のクマを仕留めた。クマだけでなくウサギ、ニホンカモシカも。せめて安らかに死ねるよう、動物が近づいてから銃を撃ち、一瞬で絶命させる。そして必ず弔いの儀式をする。

孤立を恐れず

生きていくためにという大義名分があろうと、必要な分

工藤光治が使用していたマタギの道具＝青森県西目屋村

以外の命は奪わないとの信念がある。「必要以上に奪うことは、命を粗末にすることと同じ。命を粗末にすれば、山の神様が見ていて罰を与えるような気がする」

1982年、白神山地を縦断し青森、秋田両県を結ぶ「青秋林道」の建設が始まった。

「見習いのころ先輩から、白神の自然をそのまま子孫に譲り渡さなければならないって言われたんだ」

8千年前には今とほぼ同じ生態系になり、それがずっと維持されている。そんな貴重な自然を林道は破壊するだけだ、と工藤は建設反対の運動を始めた。

しかし周囲は、建設推進派の政治家の関係者や、作業員として働く人たちがほとんど。「村で反対しているのは、わたしともう1人だけ。村八分の状態だった」

地元が駄目なら外から人を呼び、白神の自然を知ってもらった上で建設の是非を判断してもらおう、と県外から人を招くエコツアーを始めた。

予想以上の反響があり、地元住民が反対に回ったこともあって、建設反対の署名は1万人を超えた。当時の青森県知事が建設に懸念を示し、90年には林野庁が白神山地を森林生態系保護地域に指定したことで計画は中止となった。

引き継ぐ

世界最大級のブナの原生林が残り、豊かな生態系が保たれていることが認められ、白神山地は93年、鹿児島県・屋久島とともに日本で初めて世界自然遺産に登録された。

以来、工藤は国や県の委嘱で遺産地域を巡視したり、観光客らを案内したりして、白神の山々をくまなく歩いてきた。その工藤が「登録による弊害もある」と言う。

生態系を保護するため遺産地域は狩猟が禁止された。テンなど狩猟の対象だった動物が増え、テンの餌となる野ウサギが減るなど、生態系が崩れてきたと感じている。

「人間が共に生きていてこその自然。人間がいて初めて、バランスを保てるのだと思う」

白神山地の自然を、そのままの状態で子や孫に引き継いでいけるよう、魅力を伝え続けること。それがガイドをする上での目標だ。

中学生らと登り始めて2時間ほどで頂上に近づき、視界が開けた。津軽富士とも呼ばれる岩木山が悠然とそびえ、その奥に津軽平野が広がる。

真剣なまなざしの生徒たちに、工藤は一語一語ゆっくりと語りかけた。

「先輩から引き継いだ自然を、今回、皆さんに引き継ぎました。素晴らしい自然を次世代に引き継いでいってください」

育成に課題

観光によって自然が損なわれないようルールを決めた上で、観光客に自然の魅力を体験してもらうのがエコツアーだ。

全国各地で開かれており、NPO法人日本エコツーリズム協会のウェブサイトに登録されたツアーは最近9年間で延べ約2800件に上る。

エコツアーでは自然の魅力を伝えるガイドの役割が重要。ガイドに資格は不要で、現地の自然に詳しい人が務めている。ただ環境省によれば、知識は十分だが、自然の魅力を伝える技術に乏しいガイドも多いという。

同省は質の高いガイド育成を目指し、2011年度から「エコツーリズムガイド育成研修」を始めた。約3カ月間、実地研修と通信教育で観光客に魅力を伝える技術やツアーの安全管理方法を学ぶ。過去2年で、計180人が研修を終えた。

移動販売

訪れた集落で総菜や弁当などを車の脇に並べた東真央。客の多くはお年寄りだ＝三重県紀北町

過疎地巡る「おつかい便」

22歳女性、在学中に起業
お年寄り見守る存在に

文・松竹　維
写真・堀　誠

熊野灘に面した三重県南部の紀北町。森が背後に迫る集落を、白い軽トラックがゆっくりと走る。車体には「まおちゃんのおつかい便」の文字。スピーカーから松任谷《まつとうや》由実《ゆみ》の「ルージュの伝言」が軽やかに流れる。空き地に止まると、近所のお年寄りの女性が一人、また一人と集まってきた。

ありがとう

「おっはよー。今日は寒いな、おばちゃん」。運転席から降りた東真央《ひがしまお》(22)が総菜や弁当、果物が入ったケースを荷台から取り出し、車の脇に手際よく並べていく。パーカに細身のジーンズ。栗色《くりいろ》の長い髪が風になびく。「大福餅はあるかな」「ああ、持っとるよ」。品物を両手で女性に渡し、目を見て「ありがとう」と伝えた。

東が両親、弟と暮らす紀北町で移動販売を始めたのは、大学3年だった2012年2月。大学を卒業した後も、職業として続ける道を選んだ。

その一日は慌ただしい。午前7時には事務所に出て、冷蔵庫から食品を車に積み込む。その後、卸売業者を回り、パック入りの煮物やフライなど売れそうな商品を選んでは購入していく。

午前8時すぎ、港に立ち寄り、水揚げされた魚の競りに集まった人たちに販売。終わると山あいの集落やデイサービスの施設に向かう。日によってルートを変え、一日に15カ所ほどを回る。

客の多くは過疎化が進む集落のお年寄りだ。休みは日曜日だけ。風雨が強くても出掛けていく。「来るのを待ってくれている人がおる。勝手に休まれへん」。外で長時間待つ日もあり、真冬は練炭こんろで暖を取る。

直感

実家から電車で片道2時間以上かけて通い続けた大学生活。専攻した文学部の授業を面白いとは思えなかった。3年生になり就職活動の時期が迫っても、何が自分に合う仕事か、ぴんとこない。ただ「接客に向いているのでは」との漠然とした思いはあった。「コンビニでアルバイトした時、お客さんとの何げない会話が楽しかったから」

そんな時、ニュース番組で、過疎地域で買い物に不自由するお年寄りが移動販売を利用している姿を目にした。すぐに祖母政子《まさこ》(83)のことが頭に浮かんだ。長い距離を歩けず、よく車で買い物に連れて行っていた。

スーパーに行くのが大変なお年寄りが、紀北町にもたくさんいる。「私の仕事はこれやと思った。直感やった」

自称「せっかち」の東の動きは早かった。家族の支援を受け、早速中古のトラックを購入。食品を扱う資格を取り、

仕入れ先の算段を付けた。

最初は、飛び込みで訪れた民家で警戒され「要らん、要らん」と即座に断られた。「売れ残りも多かったから、かなり落ち込んだんじゃないか。でも、弱音は吐かなかったな」。東を後押ししてきた漁師の父美治《よしはる》（58）は言う。

評判は少しずつ口コミで広がった。交通の便が悪い地区で、夫と二人暮らしの大西令子《おおにしよしこ》（82）は週3回は利用する。「以前は工事のダンプが行き来する道を25分かけてスーパーまで歩いていた。最近は欲しい物を電話で頼む。うんと助かっている」

意外だったのは、近所にスーパーがある町中心部でも同じように買ってくれること。「わずかな距離でも、歩いて行けへん人がたくさんおる」

固定客もできた。でも、同じ商品ばかりだと飽きられてしまうのではないかと心配は尽きない。「当面の目標は新たな商品の仕入れと、販売地域の拡大」。将来を見据え、そう口にする。

内緒話

05年の合併時に2万人を超えていた紀北町の人口は約1万8千人まで減少。65歳以上の割合が4割に迫り、全国平均を大きく上回る。

空き家が目立つ集落で、東は仕事の枠を超えてお年寄りの手助けもする。洗濯物を干したり、家に上がってストーブの灯油を入れたり。「誰にも言えないから」と、内緒話を打ち明けられることもある。

「仕事を続けるうちに、買い物だけではなく、私と会うのを楽しみにしてくれている人たちがおるのが分かった。それが、すごくうれしい」

移動販売に向かう東真央の車。海と山が入り組んだ美しい風景が広がる＝三重県紀北町

過疎化の流れは東の世代も無関係ではない。町で唯一の高校は3年前に閉校。町内に出産できる病院はなく、町民は周辺の尾鷲市や松阪市まで出向くことになる。仕事も限られ、故郷を離れた同級生は多い。

都会の暮らしに憧れはないのか。東にそう問うと、こんな答えが返ってきた。

「少しはあるけど、今は自分が必要とされていると感じている。この土地は人柄がいいし、家族もいる。外に出てもすぐに寂しくなると思うな」

買い物難民

農林水産省の農林水産政策研究所が2012年に公表した推計によると、スーパーなど生鮮食料品店が自宅から500メートル以上離れている上、車を持たない「買い物難民」は全国で約910万人に上る。このうち65歳以上の高齢者は約350万人と約4割を占める。

東京、大阪、名古屋の三大都市圏でも買い物難民は約420万人。同研究所は「郊外で暮らす子育て世代も不便さを感じている」と分析する。

解決策の一つとして期待されるのが移動販売だが、人口減に悩む過疎地の現状は厳しい。高橋克也《たかはしかつや》主任研究官は「採算が取れないことが多く、行政がいかに支援できるかが課題」と指摘する。

経済産業省は、買い物難民のため移動販売や宅配を手掛ける事業者を対象に12年度補正予算に補助金10億円を計上した。

自然観察指導員

ダム撤去に奔走

川遊び、生き物が復活
「子や孫に残したい」

文・諏訪雄三
写真・萩原達也

夕焼け空の下に広がる干潟に、無数の穴が見える。泥の中からポコポコと音がした。干潟が生きている証拠だ。熊本県八代市の球磨川河口。自然観察指導員靎詳子《つるしょうこ》(64)は、うれしそうに川の変化について話す。「泥だけだったのが、砂が混じるようになり、すんでいる生物の種類が大きく変わりました」

一変

球磨川の発電専用ダム、荒瀬ダムは2010年にゲートが開放され、12年から施設撤去が始まった。それに伴い、20㌔下流にある河口の姿も一変した。「せき止められていた砂が供給されるようになった。ハマグリが湧くように増え、海藻も戻り、アオノリの生育も良くなりました」

しかし、いいことばかりではない。靎の顔が曇る。「休みの日には数百人が干潟に押し掛ける。ハマグリはほとんど採り尽くされた。小さいものは残すとか、禁漁場所を設定するとか、ルールはできないのだろうか」。自然を回復させるのも奪うのも人間だ。

ダムの撤去は国内初。自然再生につながる一大実験に、多くの人が注目する。

仲間と開く観察会で、干潟4カ所から年3～4回、カップ1杯の砂を採取、砂粒の大きさを7段階に分けて、それぞれの重さを量っている。生息する生き物との関係を調べるためだ。

「川遊び」のイベントで、釣りざおを手にする靍詳子（左）
＝熊本県八代市の球磨川

注目

翌日、荒瀬ダム直下の河川敷で、仲間と一緒に年1回の「川遊び」のイベントを開いた。

かつてダム直下に水はほとんどなかった。ダムの貯水は長さ600㍍のトンネルを通って下流の発電所に送られ、放水されていたからだ。今はダム本体の底に二つの穴が開けられ、川は青々とした流れを取り戻している。

このイベントは、川で思い切り遊ぶ楽しみを次世代に伝えようという発想でスタートした。参加した子どもたちは、親と一緒にハヤ釣りをしたり、カヌーやボートに乗ったりしてはしゃぐ。

昼はイノシシ肉のバーベキュー大会。靍はマイクで司会をし、子どもが危険な所に行かないよう監視するなど大忙しだ。

荒瀬ダムの撤去、支流にある国の川辺川ダムの建設中止に関して、漁業権を持つ球磨川漁協が果たした役割は大きい。

同漁協の元職員毛利《もうり》正二《まさつぐ》（73）は「職員時代、ダム反対を説得に来た靍さんによって運動に巻き込まれた」と証言。

ダム撤去賛成派の漁協総代の平山信夫《ひらやまのぶお》(64)も「人の話をよく聞く非常にタフな交渉者」と評価する。漁協に乗り込んで説得し、大学の先生を呼んで意見を聞き、自らクマタカの生息状況を仲間と調査して国のデータの問題点を見つける。多くの人の協力を得ながら、運動の形を作り上げた。

カメラを手に干潟の生態調査に出かけた靍詳子
＝熊本県八代市の球磨川河口

韓国KBSテレビのクルーが靍の案内で取材に来ていた。ディレクターの朴隆植《パクヨンシク》(43)が話す。「李明博《イミョンバク》前大統領の時代、景気対策のため四大河川事業が環境影響評価もなく実施され、ダムが急ピッチで整備された。今、そのダム開発がもたらす環境破壊が問題になっている。だから荒瀬ダムの撤去の効果や実現させた市民運動に注目しています」

靍の究極の目標は、上流にある瀬戸石ダムも撤去し、球磨川がダムのまったくない自然の川に戻ることだ。「ダムのような横断構造物は、ウナギやアユなどの行き来を阻害し、砂や栄養分の循環も止めるので要らない」

恐れ

宮崎市の開業医の家に生まれた。小さいころから植物採集好き。親の勧めもあり福岡市の大学で学び薬剤師となり、結婚して1974年に八代市で薬局を開いた。

「薬局の健康相談で、ある頃からアレルギー性鼻炎やアトピー性皮膚炎が急に増えた。口に入れるものがおかしくなったと思い、水や食物の問題に取り組み始めました」

学校薬剤師として水道水の検査もしていたので、ゴルフ場や工場の排水調査を頼まれるようになり、公害問題にも目覚めた。「自分の3人の子どもも含め、次世代の健康が守れない」という恐れが突き動かしたのだ。

休日には、子どもたちを連れて山や川、海に遊びに行った。宮崎の海の白い砂浜とは違い「うじゃうじゃと信じられないほどの生物がいる」干潟に魅せられた。

一方、林道整備などで次々と自然が失われる実態も目撃。「おかしくなっている現状を伝えられるように」と90年、講習を受け、日本自然保護協会の自然観察指導員になった。

「子育てのため、川や海などで遊ぶようになり、子ども以上に楽しんだ。なぜ自然が好きなのか理由はないけれど、子孫に残すべき自然が破壊されるのは許せません」

2人の孫の顔を思い浮かべながら、霽はきっぱりと言った。

建設中止をめぐる動き

日本三大急流の一つとして知られ熊本県南部を流れる球磨川では、電源開発が建設した瀬戸石ダム（1958年完成）の扱いが次の焦点だ。水利権は2014年3月末が期限で、球磨川漁協は許可更新に同意しないと表明、市民団体は撤去を求めている。

支流の川辺川では、国土交通省が治水や発電などを目的としたダムを建設していた。地元熊本県などの反対もあって本体着工直前の09年、民主党政権下で国交相が中止を表明している。

民主党政権下ではこのほか、群馬県の八ツ場ダムについても国交相が中止を表明した。結局、八ツ場など本体着工前の83ダム事業について、必要性を検証することを決定。13年11月末現在、63ダムの検証を終え、八ツ場も含めて43が継続、20が中止となっている。

離島経済新聞編集長

神集島に向かう定期船から島影を撮影する離島経済新聞社の鯨本あつこ＝佐賀県唐津市沖

住民の生の声伝える

訪問重ねて人脈づくり都会と結ぶ情報拠点に

文・諏訪雄三
写真・萩原達也

少し雨が降ってきた。島が近づいてくると、鯨本《いさもと》あつこ(30)は、写真を撮りながらノートにメモを取る。その姿には、離島経済新聞の取材というよりも、旅の軽やかさがあった。

暗中模索

佐賀県唐津市の湊港から定期船に乗り8分、沖合600メートルにある神集島《かしわじま》に着いた。玄界灘を望む周囲6・5キロ、人口約400人の島。万葉集に、新羅《しらぎ》への外交使節団が風待ちの間に詠んだ歌が残るなど豊かな歴史がある。

港の裏には墓地があった。背後の炎が赤色で愛嬌《あいきょう》のある不動明王、地蔵、先祖代々の墓。毎日供えられるのだろう、色とりどりの花が目に入る。

「自然や先祖への崇拝、ルーツを大切にする習慣が残る。島の良さの一つです」。鯨本はスマートフォンに写真を残した。

本土の学校との統合で2年前廃止された小学校で関係者に話を聞いた。

「人口の減少で135年続いた小学校を閉めた。本土との間に橋がないのですべてがコスト高になる。若者に仕事はなく極端な高齢社会。地域づくりは暗中模索の状態だ」と神集島区長の高崎正幸《たかさきまさゆき》(61)が苦しみを語った。多くの島、地域に共通する課題だ。

唐津市地域おこし協力隊の土谷朋子《つちやともこ》(44)も悩む。「小学校がないと、運動会など島を挙げた行事もなくなる。校長や先生とその家族がいなくなる分、人が減る。本当に統合で良かったのか」

行政にとっては小さな判断でも、島の未来を大きく左右する。

伝承品

特産品の試食があった。鯨本が注目したのが「石割豆腐」。「落とした拍子に下の石が割れた」といわれ、水が染み出ないほど固めてつくる。ワラひもで結んで運べるほどだ。

通常の豆腐よりも4倍以上の大豆を使った濃厚な味で1週間は持つ。豊臣秀吉による朝鮮出兵の際、半島から持ち帰ったとも伝えられている。

「おいしい。福岡や東京のレストランでも、この伝承付きで食べてもらえる。安定した販路を見つければ、生産を増やして何人かは雇用できそう」と分析した。

多くの島や農山村に大学の研究室やコンサルタントが入って、地元の特産品や伝統などを生かした活性化策を作り上げてきたが、成果はなかなか見えない。

離島経済新聞編集長

佐賀県唐津市で開催された地域振興のイベントの一環として神集島を訪れた参加者

「成功に一番必要なのは、リスクを取る経営者、何とかしようと島で活動する人だと思う」。あくまで鯨本らは、刺激を与える存在でしかない。

島の営みを伝えビジネスに結びつけようと、2010年10月、東京都世田谷区で離島経済新聞を仲間と始め、社長になった。ウェブ上の新聞とタブロイド紙「季刊リトケイ」を制作。観光に限らない情報プラットホームの役割を果たし、島好きの注目を集める。

リトケイは色鮮やかなイラストが魅力。鯨本も時々は描く。記事は外部のライターや島民らに書いてもらう。「島の幸」を特集した6号(発行1万5千部)はスーパーのチラシ風に100の特産品を並べ、島おこしに取り組む若者や移住者、地元の漁師、農家ら生の声をふんだんに紹介した。

「島の活性化には、愛着とか感謝とか誇りとか、土地に住んでいる人の思いが絶対的に大切で、軸にあってほしい」。でも経済的に成り立たなくなれば無人化する。日本の縮図である。

一生の仕事

生まれ、育ちは大分県の山間地にある日田市。小さい頃から文章を書くこと、絵を描くことが好きだった。福岡市の美容専門学校を出た後、ファッション情報誌で働いたが、

休みもろくに取れない生活に疲れ1年半で退職。さまざまな仕事を経験した後、「やっぱりイラストレーターになろう」と決心して上京した。

美術学校に通いながらビジネス雑誌の広告ディレクターとして働いたが「何かが違う」。編集能力を生かし「30歳までに自分の仕事をつくる」と心に決め、クリエーターの集まる「世田谷ものづくり学校」（東京）の社会人スクールに通った。

授業のある毎週末、酒を片手に仲間と朝まで語り合った。「島には文化、産品があるのになぜＰＲできないのか。役に立ちたい」と起業した。

国内で人が住む離島は４１８。鯨本は多いときで月のうち半分近くは島を訪ねる。その積み重ねもあって、今では人のつながりであらゆる島の情報が自然に入ってくる。

最初の2年間は赤字続きだった。２０１３年は離島ツアーなどの企画もあって年間３５００万円の売り上げを目指す。鯨本も含め常勤職員もやっと3人に増え、経営は軌道に乗り始めた。

「母親から最近、『昔も新聞をつくっていたね』と小学校のときに手書きした家族新聞が届いた。これが一生の仕事ですね」。爽やかな笑顔だった。

効果上がらぬ離島振興

本州4島と沖縄本島を除く離島は6847あり、うち418に人が住む。本土との生活の格差を是正するため1953年には離島振興法が議員立法で成立、漁港や道路の整備への補助などが手厚くされてきた。

沖縄、奄美群島、小笠原諸島は別の法律で同様の対応をする。本土と橋でつながったりすると離島振興法の対象外となる。現在の対象は260。

振興法の効果はどうか。全国の人口は55年から2010年まで4割増えたが、離島は農業や水産業の衰退が大きく響き5割以上減少している。高齢化も進み、医師不在の島は4割もある。

インフラ整備だけでは難しいとして12年の振興法改正では、島外への妊婦の通院や特産品の輸送といった幅広い事業を国が支援するための交付金を新設している。

第5章

ユニークな職の世界

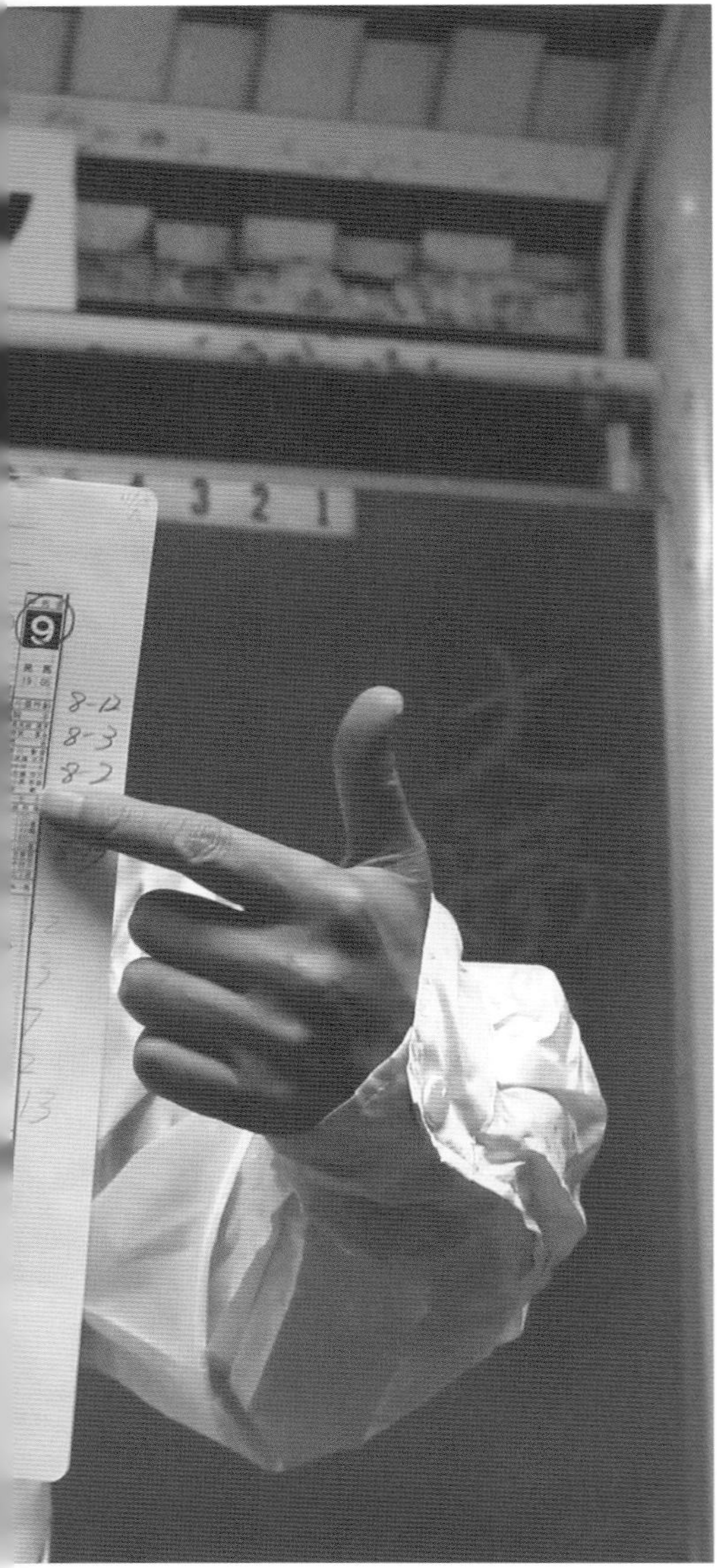

仕事旅行社／鉄道の方言ガイド／農産物の直販／
アコーディオン歌手／ホペイロ／地方競馬の予想屋

仕事旅行社

楽しい仕事、見つけて！

プロ体験で広がる世界 働き方って自由だ

文・緒方伸一
写真・堀 誠

芸者、漁師、おもちゃ作家、宮大工、イルカのトレーナー、占い師、ＰＲプランナー……。「仕事旅行社」（東京都品川区）のホームページには、かつて憧れたことのある仕事、一度はのぞいてみたい職業が約60種も並べられ、「旅」へと誘う。

「楽しい仕事を見つけるきっかけに」。同社代表の田中翼《たなかつばさ》（33）は２０１１年１月、実際の職場で働き方を体験させてくれる会社を立ち上げた。その仕事を生業としている人が１〜２日間、指導してくれるのがミソだ。

例えば人気の「花屋になる旅」では、朝から都内のお店に〝出勤〟し、品出しや接客を手伝ったり、店員から仕事の魅力を聞いたり、ミニブーケを作ったりして１日を過ごす。水仕事や掃除など地味な作業の上に成り立っていることや、花の個性を引き立てる飾り方などを実体験できる。

衝撃の職場

神奈川県平塚市生まれの田中は、米国の大学でマーケティングを学び、国際基督教大で教員免許を取った後、06年に金融関係の会社に入社した。

「両親とも小学校の先生だったせいか、人の可能性を広げるということに興味がありました」

顧客のお金を増やしてあげるのも可能性を広げる一つの方法、と考えて就職したものの、限られたお金持ち相手のビジネスに疑問を感じ始めた。「仕事は苦しいのが当たり

「ソウエクスペリエンス」社長の西村琢（左端）と話す田中翼（右）と内田靖之（左から２人目）。自由な感覚から新しいアイデアが生まれる＝東京都品川区

前、その対価としてお金がもらえるんだ」。募る違和感を抑え込んだ。

09年の夏、社会人を対象にした「自由大学」に参加、「未来の仕事」という講座で講師の西村琢《にしむらたく》（31）に出会った。乗馬や陶芸などの体験を贈り物にするサービスを提供する「ソウエクスペリエンス」社長である彼の話に共感し、その職場を訪ねた田中は、衝撃を受けた。

間仕切りも何もないビルの一室で、自分と同世代の若者たちが自由におしゃべりし、笑い合い、「これ、やりたーい」といった軽いノリでプロジェクトを始め、見事に仕事にしてゆく。

スーツにネクタイ姿で身を固め、与えられたきつい仕事を黙々とやる、という自身の仕事観が覆され、「楽しく働くことは可能なんだ」と目を見開かされた。漠然と信じていた理想の働き方に出会った気がした。

ふっ切れた田中は高給の会社を辞め、自由

大学で知り合った建設会社の元サラリーマン内田《うちだ》靖之《やすゆき》（33）と2人、米国の先行例を参考に新会社づくりに乗り出す。退職直前に結婚した妻は「面白そう」と後押ししてくれた。

お客ゼロ

だが試行錯誤の末に用意できた旅は、美容師など三つだけ。しかも3カ月間、一人もお客が来ない。もうけはゼロ。「これでいいのか?」。自問する日々が続く。

新規開拓に飛び込んでも、大抵は門前払い。旗揚げ後の1年間は、体験者の声を少しずつ集めながら、地道に「旅」のプランを増やしていった。

料金は、普通の日帰り旅行並みの1日1万円前後に設定。メニューが増えるにつれて客も増え、20～30代の女性を中心に延べ約千人が利用した。

3～4割が地方からの参加者で、名古屋の30代の女性はバッグデザイナー、バーテンダーなど1週間で5種の旅を集中体験。大阪の30代女性は盲導犬歩行指導員、ネイリストなどをはしごした。

64歳の女性は「退職した夫と喫茶店を開きたい」と「カフェオーナーになる旅」に参加。シニア世代が第二の人生を検討するツールにもなりつつある。最近は、大小の企業が

「レ・シュー」のオーナーシェフ倉内正巳（左）から菓子の作り方を学ぶ田中翼。仕事旅行の内容は自分で体験して決める＝神奈川県鎌倉市

「消費者の視点を学ばせたい」などの理由で社員研修に活用する動きも出始めた。

人柄にひかれ

1日や2日の体験で何か分かるのだろうか？　田中は「迎えるプロは皆さん本気。一緒の時間を過ごすことで、リアルな雰囲気や彼らの価値観を味わってもらいたい」と話す。参加後のアンケートでは「世界観が広がった」など9割が好評だ。

中には「参加した結果、今の仕事が自分に合っていることが逆によく分かった。これからは前向きに取り組めます」という現状見直し派もいた。

受け入れ側は、田中の人柄にひかれた人が多い。神奈川県鎌倉市のコピーライター佐藤康生《さとうやすお》(51)は「『自分で実際に体験してみて、良いと思ったものだけ旅にしている』という話に誠実さを感じて引き受けた」と振り返る。同市の洋菓子店「レ・シュー」のオーナーシェフ倉内正巳《くらうちまさみ》(53)は「何より田中さん自身に興味を持った」と話す。

収入はまだ安定しないが、田中の表情に迷いはない。「働き方って、思っていたよりずっと自由だと実感しました」

当面の目標は「100種の旅の品ぞろえ」。軽いフットワークで飛び回る日が続く。

顕著な「縮み志向」

先の見えない時代を反映して、若者の「縮み志向」は年々顕著になっている。

日本生産性本部が2012年春、新入社員約2000人を対象に実施したアンケートでは、「今の会社に一生勤めようと思っている」と回答した人が60.1%に上り、1997年にこの質問を設けてから最高となった。

一方「社内での出世より起業して独立したい」と答えたのは12.5%で過去最低。調査を始めた2003年は31.5%で、安定した働き方を望む傾向が強まっている。

だが、右肩上がりの収入、終身雇用、年金による安定した老後など、かつて多くの人が寄り掛かってきた人生の基本設計は、既にほぼ破綻している。仕事に対する新たな価値観が必要な時代に入ったと言えそうだ。

鉄道の方言ガイド

地元の言葉で観光案内

赤字路線の生き残り策「活気取り戻したい」

文・大塚圭一郎
写真・堀　誠

「田んぼど山々でかこまっちぇでで、ほがになんにもない鉄道だげんど（田と山々に囲まれていて、他に何もない鉄道ですが）」。山形鉄道の車両で、総務部営業課営業係の横山直幸《よこやまなおゆき》（38）が拡声器を手に、山形県南部で使う置賜《おきたま》弁の「方言ガイド」を始めると、関西から来たツアー参加者が物珍しそうに聞き入った。

そそり立つ飯豊《いいで》山地を望み、田畑が一面に広がる牧歌的な風景を走る列車は、高校生が乗り込む朝夕以外は乗客もまばら。「運転士だけ乗っている列車もあるのに、本日は皆さんのおかげで満員御礼だ。おしょうしな（ありがとう）」。おっとりした語り口に、どっと笑いが起きる。沿線のウサギ駅長「もっちぃ」が描かれたタオルなどのグッズも次々と売れた。大阪市から参加したタクシー運転手、小林隆弘《こばやしたかひろ》（69）は「ユニークな方言を使いながら、われわれにも分かるように工夫している」と感心した。

一念発起

山形新幹線と接続する赤湯駅（南陽市）と荒砥駅（白鷹町）の30・5キロを結ぶ。廃止対象だった旧国鉄路線を引き継ぎ、山形県と沿線自治体や企業などが出資する第三セクター鉄道として1988年に発足した。

方言を使って沿線をガイドする横山直幸。軽妙な語り口にツアー客は爆笑＝山形県長井市

途中の長井駅（長井市）の手前で、横山は学校の校舎を指さし「素晴らしい学校です。長井工業高校と言います、私の母校です」と話し、笑いを誘った。その学舎《まなびや》にいた約20年前、目の前を走る山形鉄道の車内で母校を紹介する日が来るとは夢にも思っていなかった。

東芝グループがかつて生産拠点を構え「企業城下町」として栄えた長井市には、特殊技術を持つ町工場が立ち並んでいた。そんな環境に刺激され、高校時代はロボット製作に夢中だった。

「もう少しロボットの研究をしたい」と青森大に進学。電子情報工学を専攻し、卒業後は東京都大田区のソフトウエア開発会社に入った。

会社の仕事は充実していたが、長井駅前の商店街で花店を営む実家に帰るたび、くしの歯が欠けるように周囲の店が閉じ、寂れていく光景が目についた。「昔は鮮魚店や書店、文具店などが軒を連ねていたのに、1軒、また1軒と店を畳み、商店街と呼べない姿になってしまったんです」

「ふるさとを何とかしないといけない」。一念発起し、2001年に会社を辞め、長井市に戻った。兄が切り盛りする花店の手伝いをしながら、関わり始めたのが街づくり活

動だった。

転機

転機になったのは、地元で撮影された04年公開の映画「スウィングガールズ」のヒットだ。映画を見た人たちが訪れるようになり、横山はロケ地巡りに付き添うボランティアのガイドになった。しかし、映画で多用された置賜弁を〝本場〟で聞くのを楽しみにしていた観光客からは「ガイドがほとんど標準語では……」と不満の声が漏れた。

「地元の言葉をそのまま使って案内すればいいのではないか」とガイド仲間らは考え、間もなく方言を使って、沿線にある桜の名所のガイドを始めた。

さらに、山形鉄道で働くきっかけになったのは、当時、山形県副知事（現国土交通政策研究所長）の後藤靖子《ごとうやすこ》（55）の一言だ。「鉄道は地域を活性化させて地元の人を一つにする力があり、観光客を魅了する力も持っていますよ」

奮起

09年4月、山形鉄道入社。社長は公募で旅行会社出身の野村浩志《のむらひろし》（45）が選ばれた。横山は定職を得て喜んだが、地元では廃線のうわさもささやかれていた。「あら、山形鉄道ってまだ残っているのね」。赤湯駅で近所の主婦にこう言われ、肩を落としたこともある。

奮起した横山は方言ガイドで熱弁を振るう傍ら、車掌、旅行商品の企画、営業、グッズ開発、除雪作業など１人で何役もこなす。努力が実って桜の見物客でにぎわう10年4月には約８９００人のツアー客を運んだ。東日本大震災後の落ち込みからも立ち直ってきた。

しかし、ツアー参加者は旅行会社の貸し切りバスで山形鉄道の駅に乗り付け、降車後はバスに戻って次の目的地へ向かう。地元への経済効果は限られ、商店主からは「山形

最上川に架かる鉄橋を渡り荒砥駅に向かう山形鉄道の車両＝山形県白鷹町

鉄道ばかりもうけている」という批判も出る。

その山形鉄道も12年度の経常損失は7677万円で、設立から25年連続の赤字だ。少子化で高校生の利用客も減少傾向にあり「観光客獲得と、地元客の利用拡大を両輪で進める必要がある」と野村も危機感を募らせる。課題は山積みだ。

「生まれ育った町に活気を取り戻したい。そのため地元に骨をうずめる覚悟です」。人通りがまばらな長井駅前の商店街を見つめながら、横山は自分に言い聞かせるように話した。

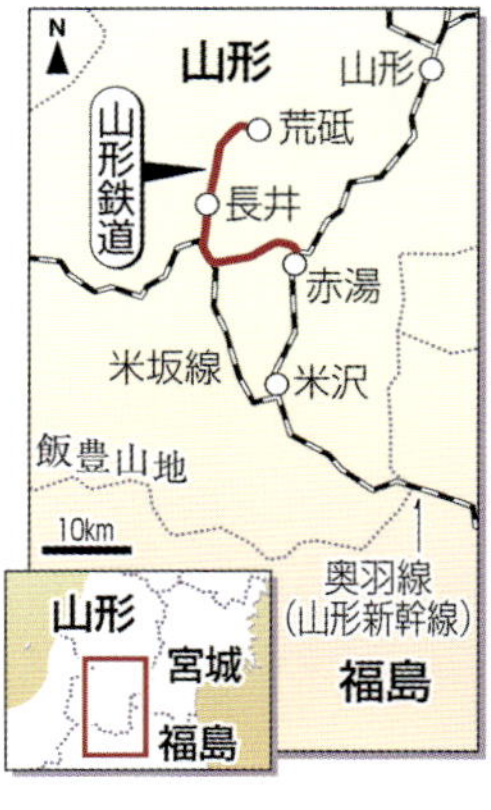

地方鉄道の経営

地方鉄道の多くは、マイカーの普及や過疎化などが響いて利用客数が低迷し、経営が厳しい。中でも地元自治体や企業などが共同出資して設立した第三セクター鉄道は、旧国鉄の赤字路線を引き継いだ場合が多いため業績低迷が目立つ。

第三セクター鉄道等協議会によると、企業の採算性を示す経常損益が赤字だったのは2011年度で会員35社のうち28社に上る。観光客の獲得強化に向けてユニークな車両の導入や外部からの社長公募といった動きも出ている。

三セク鉄道を含め、経営難に陥った鉄道の廃止も相次いだ。国土交通省によると、00年度以降に廃線になったのは一部廃止を含めて延べ35路線で、営業キロの合計は673.7㌔。とJR東海道・山陽線の東京―相生（兵庫県）間より長い。

農産物の直販

おいしいコメを都会へ

文　・石井　仁
写真・鹿野修三

田植え、雪かきに汗 体験ツアーも開催

周囲の山の頂にまだ雪が残る5月中旬、秋田県鹿角市の水田に、頭に手拭いを巻き、赤いヤッケを着た首藤郷《しゅとうきょう》(33)の姿があった。

苗床を次々と抱え上げ、田植機にセット。長靴を履いて田に入り、とんぼで土を平らにならす作業に汗を流す。

東京生まれの東京育ち。農業と関わりを持って5年、田植えを手伝うようになってまだ3年だ。

口コミ

首藤が社長を務める「こめたび」は、秋田の農家が精魂込めて作ったおいしいコメや野菜などを都会の消費者に届ける。本社は秋田県にあるが、普段は東京・浜松町の事務所を拠点に、商品企画や食材にこだわる飲食店の営業に走り回る。

購入者の多くは、口コミなどで「こめたび」で扱うコメの良さを知った人々。都内で年に数回開くイベントでは、農家が直接、消費者においしい理由を説明する。「作り手の思いも一緒に届ける」のが首藤のやり方だ。

農薬を使わないアイガモ農法でコメを作る金沢一男《かなざわかずお》(64)は、東京の自動車販売会社時代の同僚らを通じて販売してきた。通信販売には卸さなかったが、「こめたび」のイベントに参加して共鳴し、取引を始めた。

金沢一男の水田で田植えの手伝いをする首藤郷＝秋田県鹿角市

首藤は夜行バスで月に1度秋田を訪れ、約1週間滞在する。農家を回り生育状況を確認し、田植えや収穫も手伝い信頼を築いた。「時間をかけて培った関係があるからこそ手に入るコメや農産物があるんです」

田植えを手伝う理由はほかにもある。社長になって初めてあいさつに行った農家での苦い経験だ。「ハイヒールにスーツ姿で出かけ、まともに話もしてもらえなかった。農業のことを何も知らなかったんです」。その反省から、コメ作りの現場に関わりたいという気持ちが芽生え、強まった。

雪かき

JR横手駅から車で約30分。2メートルを超える雪が積もった秋田県横手市の山内地区に2月、独身者を中心に首都圏から女性11人が集まった。

「雪かきで秋田美人になる！ツアー」。「こめたび」のもう一つの顔である「旅ビジネス」だ。

夜行バスで早朝に着いた一行を出迎えたのは、農家のじいちゃん、ばあちゃんが炊いた自慢のご飯だった。女性たちは自分でおにぎりをつくり、たくあんをいぶした「いぶりがっこ」と一緒に頬張る。「甘い」「おいしい」と歓声が上がった。

雪かきは、地元男性十数人が指導。首藤も屋根からの雪下ろしに挑戦した。「こんなに大変な作業をしてでもここに住み続けるのは、雪が豊富なミネラルを含んだ水を届けてくれるから。おいしいコメ作りには理由があるんです」

ツアーの開催はまだ数回だが、横手市も後援。地域振興に加え、指導する男性陣との出会いの機会にもなると期待が高まっている。

コメを売るだけでなく、産地を訪れて農家と交流し、おいしさの秘密を伝える。首藤の元には「このお米を食べると、農家の皆さんの顔が浮かんで幸せな気分になる」という感想が届いている。

２月に開催された「雪かきで秋田美人になる！ツアー」で
地元のお年寄りにかんじきを履かせてもらう女性＝秋田県横手市

橋渡し

電子部品会社を経営する父の影響で起業に興味を持ち、横浜市立大卒業後は人材紹介のベンチャー企業に入社。１年で10人の転職を担当した。「『首藤さんが一生懸命だからやってみる』と転職を決意した方がいて、人と接する仕事が大好きになりました」

新規事業に挑戦しようと転じた京王電鉄では、グループホテルの営業や企画、鉄道沿線の街づくりを担当し、現場に足を運び信頼関係を築くことの大切さを学んだ。

「こめたび」は秋田市と神戸市の女性2人が2007年に立ち上げた。父が設立に関わり、首藤も一口株主になった。イベントなどを手伝って秋田の魅力を感じ始めたころ、前社長が体調を崩し、後任を託された。

「大変だけど面白そう」。気楽に引き受けたが、秋田出身の前社長と比べられて「東京の人の感覚は違う」と距離を置く農家もあり課題は多い。

「夏の炎天下に黙々と草取りしたり、10年かけて土をつくってやっと良い物ができたり……。こうして作られたコメだから、おいしさにつながるのだと思います」。そんな努力の積み重ねを伝えていきたいのだが、経営はまだ赤字だ。

一面に広がる田んぼを見つめながら、首藤はつぶやく。「この風景の中でプロポーズされたらすてきですよね」。仕事として農家を支えてきたが、結婚してコメ作りに携わることにも憧れる。

だが、「おいしさを決めるのは消費者。産地の都合だけで売るのでは駄目」と、都会の視点は忘れない。もし結婚したとしても、都会と農家の橋渡し役として東京と往復する生活は続けるつもりだ。

コメの消費動向

米穀安定供給確保支援機構（米穀機構）がまとめた2013年4月の消費動向調査によると、精米の購入経路（複数回答）は、スーパーマーケットが49.0％と圧倒的で、インターネットショップは8.1％、生産者から直接購入は6.7%にとどまった。

だが、世帯平均の月間購入量は、スーパーで買った世帯が7.6㌔なのに対し、ネットは11.7㌔、直接購入は20.6㌔。農家から直接コメを買う消費者ほど、購入量は多くなっている。

宅配でまとめ買いがしやすいこともあるが、ネット以上に直接購入の量が多いことについて米穀機構は「付加価値があるから買っているのでは」とみている。有機農法など安全性にこだわる農家への信頼が背景にありそうだ。

アコーディオン歌手

小学生のファンから「投げ銭」を受け取る遠峰あこ。子どもからお年寄りまで幅広い層に支持されている＝横浜市・野毛町のロック酒場「ボーダーライン」

酒場、路上で弾き、うたう

文・藤原　聡
写真・堀　誠

仮設住宅に届ける笑顔
土地の歌が持つ力信じ

「ラメチャンタラギッチョンチョンデ　パイノパイノパイ……」。横浜市・野毛町のロック酒場「ボーダーライン」。遠峰《とおみね》あこがアコーディオンを弾きながら、大正時代の流行歌、東京節を陽気にうたうと、満員の客席から手拍子が起こった。

出演料はなく「投げ銭」がギャラになる。演奏が終わると、遠峰が持参した籠に、客がお札や硬貨を次々と投げ入れた。

アナログの音

遠峰はライブハウスだけでなく、居酒屋や駅前の路上など、さまざまな場でアコーディオンを弾き、うたう。落語会の「色物」として演奏する機会も増えた。人気落語家、立川志の輔《たてかわしのすけ》の独演会にも度々、呼ばれている。

レパートリーは、現代風にアレンジした民謡や大正から昭和初期の流行歌、端唄など多種多様だ。「自分で作詞、作曲した歌もやるし、フォークの高田渡《たかだわたる》さんや浅川《あさかわ》マキさんの曲もうたいます」

哀愁を帯びた音色のアナログ楽器、アコーディオン。遠峰はかつて正反対のデジタル音楽をやっていた。コンピューターでリズムの「打ち込み」をしたテクノやパンクロックのバンドを10年ほど続けていたのだ。

仕事もパソコンを使ったコンピューターグラフィックス（CG）の制作。生まれ育った横浜を離れ、東京・上野で暮らしながら、NHKや民放各局の依頼で、番組で使う動画を自宅で作り続けていたが、締め切りに追われる生活は過酷だった。

「昼も夜もない感じ。パソコンを前にして、作業の合間にちょっと寝るという毎日でした」

長時間の座業で腰痛もひどくなり、疲れ切っていたある日、浅草を歩いていて「民謡教室」が目に留まる。「そう言えば、民謡って楽しそうだったな」。野毛町の路上で見た光景を思い出した。

大道芸に感動

JR桜木町駅前で毎年開かれる祭り「野毛大道芸」。遠峰は高校生のころ、ここで民謡歌手伊藤多喜雄《いとうたきお》が地元の野毛山節を熱唱するのを聞いた。伊藤の歌声に合わせ、子どもからお年寄りまで手拍子をしてうたう。その楽しげな姿に驚いた。

「自分がやっていたテクノやパンクとは違って、民謡のように地元に根付いた音楽は、何と力強いのかと思いました」

CG制作に明け暮れる中、このときの感動を思い出し、民謡を始める気になった。「バンドも仕事も、パソコンを使う。電気がないと何もできないので情けないなあと思っていたんです」

浅草の教室で民謡を習ううち、楽器を演奏してうたいたいと思った。ちょうど知人からアコーディオンを安く譲ってもらったので弾いてみると、感性にぴったり合った。

アコーディオンは独学だ。好きな曲を聞き、伴奏の和音をつけ、自分流にアレンジしていく。

最初に弾けるようになったのは野毛山節。地元のライブハウスで披露すると「野毛大道芸」の運営者を紹介され、今度は、そこでアコーディオンを弾き、うたった。

演芸プロデューサーの木村《きむら》万里《まり》がこの演奏に目を付け、立川志の輔らの落語会に遠峰を出演させるようになった。

遠峰あこがライブハウスや居酒屋、路上でアコーディオンを弾き、うたう横浜市・野毛町の飲食店街

涙と笑顔

横浜や東京だけでなく、地方でライブをする機会も増えた。2011年8月には、大阪市の釜ケ崎にある三角公園で開かれた夏祭りで演奏した。

得意の民謡をうたうと、集まった日雇い労働者たちが立ち上がり「次は俺のクニの民謡をやってくれ」と口々に叫ぶ。その中の一人、初老の男性が「大漁唄い込み」を頼んだ。「石巻サーヨー　その名も高い日和山トエー」。遠峰がうたうと、聞き入っていた男性は涙をぽろぽろと流した。宮城県石巻市の出身。この5カ月前、遠いふるさとは東日本大震災で壊滅的な被害を受けていた。

12年2月、福島県南相馬市の仮設住宅集会所でうたった。周りは津波で建物がなぎ倒され、見渡す限りの平地。所々、がれきの山ができていた。

ここでも地元の民謡「相馬二遍返し」が会場を盛り上げる。遠峰の歌声につられて、集まったお年寄りたちも合唱。「久しぶりにうたったなあ」と笑顔が広がった。

「みんなが知っていて、大好きな、その土地の歌の力を感じました」

その後も、被災地の慰問を続ける。宮城県女川町の山奥の廃校で演奏をしたこともあった。

演奏には体力が必要だ。浅草で50年以上、アコーディオンの流しをしていた故村井《むらい》しげるの遺品のイタリア製アコーディオンは重さ約13キロ。「どうしても弾きたかったので筋トレもやりました」

遠峰をかわいがった村井は、大正演歌からポップスまで持ち歌は千曲を超えた。遠峰も弾く曲を増やしていきたいと思う。「いろんな所へ行ってみたい。そして、その土地の民謡や埋もれている歌を覚えて、うたっていきたい」

被災地慰問

東日本大震災が起きた2011年3月11日以降、歌手や俳優、お笑い芸人らが相次いで被災地を訪れ、避難所の学校や仮設住宅の集会所などでコンサートや演劇・演芸の公演を行ってきた。

人気アイドルグループ「AKB48」と姉妹グループは11年5月から毎月、被災地でライブを開催。歌舞伎俳優の坂東玉三郎《ばんどうたまさぶろう》はトークショーなどを開き、集めた義援金を関係自治体に寄付した。

大震災の発生直後には、こうした慰問があまりにも頻繁になり、被災者が疲労してしまう問題も起きたが、発生から2年たち、慰問の回数は減ってきている。

遠峰《とおみね》あこは、神奈川県の僧侶がつくるボランティアグループの案内で、これまで一度も慰問のなかった小規模の仮設住宅などを回っている。

ホペイロ

応援団からチームへ

用具通して選手支える「サッカー取る」が転機

文・河村紀子
写真・萩原達也

肌を焼くような強い日差しの下、中山喜仁《なかやまよしひと》(48)は無人のグラウンドを背に、黙々とスパイクを磨いていた。静岡市清水区のサッカーJリーグ清水エスパルスの練習場。少し前まで選手が履いていた十数足を地面に並べ、一つ一つ手に取って、ブラシで芝や土を丁寧に落としていく。

「ポポさん、俺のスパイクはどこ?」。ひと息ついた中山に、選手が声を掛けた。「おう、ちょっと待っててな」。アニメ「ドラゴンボール」の登場人物に似ているという理由で愛称は「ポポ」。10代の選手も、親しみを込めてこう呼ぶ。

アイドル

中山は1998年からJ1清水のホペイロを務める。ポルトガル語で「用具係」。選手より早く練習場に来て、ボールやマーカーコーンなどを用意する。練習中はボール拾いをして、終了後、スパイクやキーパーグローブを手入れする。

試合の日は、選手がスタジアムに来る3時間前から準備を始める。ユニホームやスパイクをロッカールームに並べ、練習の補助もする。試合中は着替えのユニホームやタオルを用意し、ロッカールームの片付けも並行して進める。「仕事中、プレーはほとんど見ない。夜の試合では、スパイクの手入れをして帰ると日付が変わっていることもある」

静岡市出身。小さいころからサッカーが好きだった。高校は強豪校で、応援団として声援を送った。卒業後、いく

クラブハウスの下駄箱でスパイクを手にする中山喜仁。どのスパイクも中山が手入れをしたものだ＝静岡市清水区

つかの職を経て水産関係の仲卸会社に勤めているとき、地元にJリーグのクラブチーム清水が誕生した。

間もなく、高校時代の経験を買われ初代の応援団長になる。午前2時ごろから昼すぎまで働き、そのまま寝ないで試合場へ行き、仲間と考えた歌や踊りで声を張り上げた。

「合図をすると、何百人もの人が声をそろえ応援する。自分がアイドルになったような感じ。サポーターに、すっかりはまっちゃった」

ある日、そんな中山の姿を見とがめた上司が問い詰めた。「仕事を取るかサッカーを取るか」。迷わず即答した。「サッカーを取ります」。28歳でフリーターになった。

試行錯誤

その後は応援を続けながら「何でも屋」としてチームの手伝いをした。「仕事が決まっていないなら」と紹介されて95年、クラブハウス管理人に。ブラジル人ホペイロの仕事も手伝うようになった。3年後、このホペイロが帰国すると、チームから、後任に就くよう要請された。

仕事ぶりを間近で見ていたので「大変そうだ」と断った

が、選手から「知らない人に大事なスパイクを預けたくない」という声が上がり、要請を受けた。
手探りで仕事を始めたので「初めのころは、選手に欠かせない、商売道具を扱うことが怖かった」。休日には県外に出かけ、数少ない他チームのホペイロに仕事を教わり、少しずつ技術を磨いていった。「つなぎ」のつもりで引き受けたが、今やスタッフの中でも古株だ。

選手が引き揚げたグラウンドからボールを片付ける中山喜仁＝静岡市清水区

手入れに使う道具は試行錯誤の連続。中山の道具箱には、靴墨のほか、「細かいところの汚れを取りやすい」歯ブラシや「雑貨屋で見つけた」風呂掃除用ブラシが入っている。買い物に出掛けると「これは使えるかな」と物色する癖がついた。

信頼

スパイクや用具を実際に使う選手と向き合うことも重要だ。

今のチームには、親子ほど年の離れた若い選手も多い。「いかに選手が頼みやすい環境をつくり、彼らの言うことを受け止められるかが大事」。そのため、一人一人の性格を知り、練習の様子などを普段からよく観察するようにしている。

２０１２年に加入した八反田康平《はったんだこうへい》(23)は「けがをしてつらい時期に話しかけてくれたことで仲良くなった。今はポポさんにすべて任せっきり」と信頼を寄せる。

かつて在籍した元韓国代表の安貞桓《アンジョンファン》は人見知りが激しく、スパイクを触らせてもらえなかった。中山は積極的に話しかけ、徐々に信頼関係を築いていった。半年たったころ、安は試合前に「中山さんなら、どれを選ぶ」と、スパイク選びの相談をするまでになった。

主将の杉山浩太《すぎやまこうた》(28)は「自分でスパイクを手入れするチームもある。清水は恵まれた環境にあると思う」と話す。

今季、チームが波に乗れない時期に中山が冗談めかして始めたことがある。勝利を収めた後、ロッカールームで中山が音頭を取り、応援歌を選手らと歌い、踊るようになったのだ。チームの雰囲気が明るくなった。

好きなサッカーを仕事にして15年。「なんだかんだ文句を言いながらも続けているから、好きなのかな」。ブラシを握りしめ、中山は少し照れくさそうにつぶやいた。

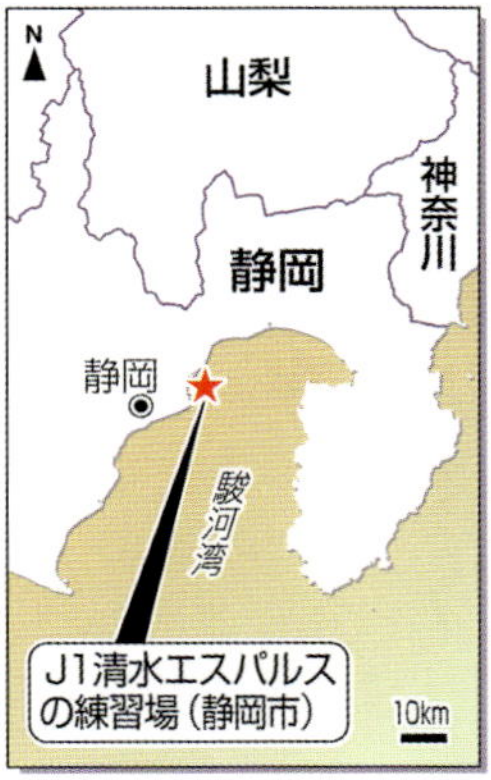

Jリーグの現状

Jリーグは1993年、1府7県の10クラブでスタートした。99年に2部制になり、現在30都道府県40クラブまで拡大、2014年からは10クラブほど増え、J3が誕生する予定だ。

各チームの選手は、地域の各種催し物に積極的に参加しており、12年にリーグが観客に実施した調査では、8割近くが「チームが地域で大きな貢献をしている」と回答している。

12年のJ1の1試合平均入場者数は1万7566人。リーグは「裾野が広がる一方で頭打ちの状態」とみており、スタジアム整備などで新規の観客獲得を模索している。

昨シーズン（12年）から経営の透明性の確保や安定化のため財務、施設など5分野を審査する「クラブライセンス制度」も導入。各チームは赤字体質から脱却するため一層の経営努力が求められている。

地方競馬の予想屋

レースの予想を軽妙な語り口で説明する吉冨隆安。多くの客が集まってくる＝東京・大井競馬場

肩書が通用しない世界

好きなことに燃える1レース200円の誇り

文・清水富美男
写真・堀　誠

照明に浮かぶダートコース。色とりどりのゼッケンを着けたサラブレッドが砂を巻き上げ走り抜けると、観客の歓声とため息が夜空に響いた。

ナイター競馬「トゥインクルレース」開催中の東京・大井競馬場。熱気に包まれたスタンドの裏に、小さな「予想屋」のブースが並ぶ。西端の奥まった場所が、吉冨隆安《よしとみたかやす》(65)

の店だ。屋号は「ゲート・イン」という。

黒板に大勝負

メーンレースの時間が近づくと、客が集まってくる。吉冨は黒板に「大勝負」と書き、出走馬を評価していく。「惑わされちゃいけませんよ。中学の陸上部の生徒が、ロンドン五輪で走るようなものですから」。客の間から笑い声が起きる。

熱が入ると、決めぜりふが出る。「資本主義社会において、あらゆる利潤は労働力の搾取を否定できない。よって稼ぐ金より勝つ金が美しい」

最終予想はパソコンで小さな紙に印刷。客は硬貨を台の上に置き、その紙片を持って馬券売り場へ急ぐ。1レースが200円。予想屋歴35年の吉冨は、この代金で生きてきた。

大井競馬場の予想屋は現在18人。主催者から1年更新の営業許可をもらう。日本中央競馬会（JRA）にはない地方競馬特有の存在。大井競馬を運営する特別区競馬組合は「客へのサービスの一環。飲食店も含めレースの付加価値として提供している」と説明する。しかし、予想屋は今、名古屋、笠松、園田など全国の競馬場を合わせても40人ほどしかいない。

職業の上下

なぜ予想屋になったのか。「流れ着くような形で」と吉冨は振り返る。

大阪府で育ち、大阪市立大法学部に進んだ。全共闘運動が激化したころ。共感はあったが、参加はしなかった。ただ社会と折り合って生きていくのは苦手だと感じていた。「職業に上下はないはずなのに、どんな組織にもヒエラルキー（階層）がある。そんなことが我慢できなかった」

大学を中退して、大阪で下水道関連の会社をつくる。最初は順調に見えたが、仕事をすればするほどストレスを感じた。大好きな競馬が支えになった。「馬券の前では、どんな立場の人も平等。名刺や肩書は通用しない」のが魅力だった。

だが、競馬にのめり込み、自分を見失う。「情けないことですが、会社の資金繰りと言って、親戚からお金を借り

東京・大井競馬場のナイター競馬「トゥインクルレース」。照明にダートコースが浮かび上がる

ては競馬場へ行っていた」。会社は破綻。逃げるように東京に出てきた。離婚し、2人の息子とも離ればなれとなった。

東京では学習塾を開き、小学生を教えたが、懲りずに昼は大井競馬場に通う。当時、約50人の予想屋が営業していた。「若さゆえの思い上がりでしょうが、これなら自分でもできると思った」。助手として雇ってほしいと申し込み、認められる。30歳のころだった。

12年の下積みを経て、「ゲート・イン」の屋号で独立したのは1989年。この間、独自の予想法を必死に研究。各馬が走ったコースの違いなどを加味した数値で馬の実力を比較する「実走着差」の理論を唱えて、人気を集めるようになった。

生きる実感

思い通り当たったときの喜びは大きい。「生きていること自体があやふやじゃないですか。だから生きている実感みたいなものがあります」

反対に、当たらないときはつらい。馬券を買うとき記入するマークカードの裏に、客が書いてよこす言葉は「詐欺師」「金返せ」。「逃げたくなるけど、逃げちゃ駄目なんですよ。客の怒りを背負わなきゃいけない」。結果が伴わなくても「取り組む姿勢はまがい物でない」と客に理解してもらっているから、続けられる仕事だという。

「長年やっていると、適当に予想を語ることも可能。でも、それだとすべてがごまかしになる。これまでの人生もやはり、ごまかしだったと自分で認めてしまうことになる」

再婚して二人暮らし。離れていた長男は奨学金を受けて進学、今は大学で数学の准教授をしている。「つらい思いをさせたと思います。でも今まで恨み言一つ言われたことがない」。月に1、2度会って、孫の顔を見るのが楽しみだという。

日常は、レースのデータを分析し数値化していく地味な作業の連続だ。「妄信かもしれないが、いつか予想理論を完成させたい」

地方競馬の経営環境は厳しい。高齢化が進む予想屋という仕事も、いつか消えていく運命だとみている。

それでも「寝るとき、明日職場に行くのが楽しみだという仕事は、なかなかない」と思う。「好きなことに燃えて、仕事ができるのは幸せです」

吉冨は「また当ててやる」と闘志を抱き、今日も競馬場へ向かう。

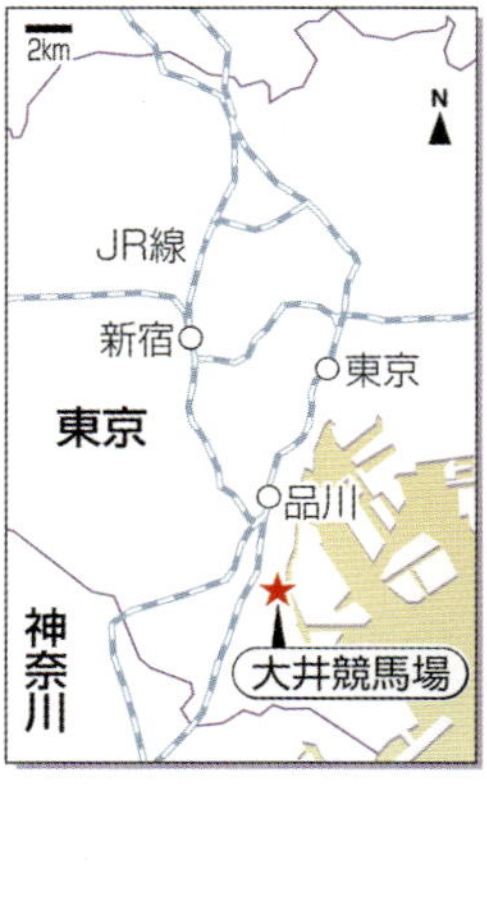

赤字膨らむ地方競馬

地方自治体や自治体がつくる競馬組合が行う地方競馬は、現在14の主催団体が、15競馬場で開催している。

ピークの1991年度には入場人員約1466万人、売り上げ約9862億円を記録したが、レジャーの多様化、景気後退などで2011年度は約371万人、約3314億円まで激減した。

売り上げは各自治体の財政に大きく貢献してきたが、近年は累積赤字が膨らみ、多くが存続の是非を問われている。広島県福山市の福山競馬は13年3月で、廃止された。

大井競馬は東京都の23区による特別区競馬組合が運営する。大都会という立地条件に恵まれ、黒字を確保しているが、売り上げはピーク時の約半分。イベントやCM、ナイター競馬の開催などで新しいファンの開拓に努めている。

第6章 自然との闘い

海底炭鉱坑内員／鯨捕り／犬ぞり探検家／Iターン漁師／海外駐在員／棚田のコメ作り

漆黒の闇、ランプが頼り

地下千メートルで過酷な労働 今は軍艦島のガイドに

文・藤原聡
写真・堀誠

漆黒の闇に、キャップランプで照らされた炭壁だけが浮かぶ。染み出す潮水が地熱で暖められ、蒸し風呂のような切羽《きりは》（採炭現場）。掘削機を壁に突き立てると、ごう音とともに石炭が足元に崩れ落ちた——。

黒い飯

長崎港の南西18キロ沖合に浮かぶ軍艦島（端島）。この小島の海底炭鉱、端島砿《はしまこう》で1961年末から閉山の74年初頭まで働いた山田出美《やまだいでみ》（71）は坑内員の仕事を振り返る。

扉のない鉄骨むき出しのリフトに乗り込み、竪坑《たてこう》で一気に600メートル降下。そこで斜坑用の軌道車に乗り換え、切羽に向かう。一番深い切羽は地下約千メートルにあった。

「初めて竪坑で降りたときは、恐ろしくて縮み上がった。現場は真っ暗で、キャップランプだけが頼り。消えたら動けないので、ランプだけは予備を持って行った」

1日3交代制。始業時刻は1週間ごとに、午前8時、午後4時、午前0時と変わる。頭がつかえるような低い切羽もあった。防じんマスクをつけるが、ゴーグルはない。休憩時間に弁当を開けると、顔についた石炭が落ち、飯が黒くなった。

重労働に耐えられず、一緒に入社した約30人の半数が、1カ月もしないうちに島を去った。山田が閉山まで働けた理由は、以前の仕事にある。

軍艦島の対岸、野母半島の村、高浜で生まれ育ち、中学

日本初の鉄筋コンクリート造りアパート30号棟で当時を振り返る山田出美。波が高層アパートを越えて空から降って来たこともあった＝長崎市沖の軍艦島

を卒業すると、海砂の運搬船で働き始めた。てんびん棒の籠に砂袋を載せ、岸壁から船まで板の上を歩いて運ぶ。そのまま乗船し、今度は、到着した港で荷降ろしする。一度に担ぐ砂袋が100キロを超えることもあった。この過酷な力仕事を4年続けたので「炭鉱は重い荷を担がないし、砂船よりきついとは思わなかった」と言う。

見張り

端島は明治から昭和にかけて岩礁の周囲を埋め立てて造られた。東西160メートル、南北480メートル。護岸に囲まれ、遠くから見た姿が戦艦「土佐」に似ていたため、軍艦島と呼ばれるようになった。

16年完成の日本初の鉄筋コンクリート造りアパート30号棟（7階建て）や317戸のマンモスアパート65号棟、小中学校、病院など計30棟のビルが林立。市場や商店、パチンコ店が並ぶ一角は「端島銀座」と呼ばれ、にぎわった。60年ごろ、住民は5千人を超え、人口密度は東京の9倍にもなった。

端島砿の工作課で働いていた加地英夫《かじひでお》（80）は32年、島

資材を積んだ台車を押す軍艦島の坑内員（長崎文献社提供）

で生まれた。父親の津代次《つよじ》は、定期船と島の桟橋を結ぶ伝馬船の船頭だった。

「冬に強い北風が吹くと、岸壁にどーんとぶつかる波が高層アパートを越えて空から降ってくる。台風のときには、島が波で覆い尽くされた」

戦争末期、小学校高学年だったころ、住んでいたアパートの1階から、人をたたく音と泣き声が度々、聞こえてきた。「かわいそうね」。母親の喜代《きよ》がそう言って、のぞきに行くと、正座した若い男が、ひざに重い石をのせられ「アイゴー」と泣いていた。強制連行された朝鮮人だった。

「端島砿の外勤係は、警察のように島中を見回り、脱走しないよう見張るのが仕事だった」。泳いで逃げようとして、溺死した者もいたという。

辛抱した

閉山で島を去った山田は、高浜の実家に戻り、長崎市内の造船所や運輸会社で60歳まで働いた。クレーンに荷物を引っかけたり、機材を梱包《こんぽう》したりする肉体労働だ。

閉山後は無人となり、30年以上航路もなかったが、20

０９年４月、産業遺産としての観光が始まった。廃虚と化した光景が人気を呼ぶ。山田はクルーズ船に乗り、観光客のガイドとして働くようになったが、複雑な心境だ。

「本当はこんな姿を見せとうない。昔は道路にごみ一つ落ちていなかった。活気があって、みんなが家族のように暮らしていたのに……」

観光で歩けるのは、島南西部の見学通路だけ。今回、取材のため長崎市の許可を取り、山田がかつて住んでいたアパートを一緒に訪ねた。

端島砿の単身者用寮3階。窓の桟や引き戸はこなごなに壊れ、床に散乱しているが、部屋に入るなり「いやあ、懐かしか」とつぶやいた。19歳から30歳で結婚するまで10年以上暮らした所。「強い波で建物が揺れた。よく住んでいたなと思う」

端島神社や端島銀座を歩いて、竪坑跡に来ると、山田の足が止まった。

「落盤で腰まで石炭に埋まったことがある。炭は軽いから脱出できたが、岩ならどうなっていたか」。真夜中の仕事はつらくなかったのか。「いや、夜中は休んだことがない。坑内に入ったら、昼も夜も一緒ですから」

軍艦島に来たのは、ほかに仕事がなかったからだ。「生きるために働いた。よう辛抱してきたな……」。最後は、自分に語りかけているようだった。

国内石炭生産量の変遷

石炭は「黒いダイヤ」と呼ばれ、主要エネルギー源として明治時代から日本の産業を支えてきた。

戦後は、復興施策として石炭・鉄鋼の生産に集中する「傾斜生産方式」が始まり、石炭の生産量は増大。最盛期の1961年度には5541万トンを記録した。

しかし、中東やアフリカで大油田が発見され、エネルギーの主役は石炭から石油へと転換。海外から割安の石炭も大量に輸入されるようになり、国内生産量は激減し、炭鉱の閉山が相次いだ。

現在は、北海道でわずかに生産しているだけで、国内需要のほぼ全量を輸入に頼っている。

東日本大震災で、大飯原子力発電所以外の原発の稼働が停止したことを受け、全国的に石炭を原料とする火力発電所の運転率が高まり、石炭の消費量は増加傾向にある。

鯨捕り

感謝して命をいただく

反捕鯨団体の罵声浴び忘れられない最期の目

文と写真・鷺沢伊織

江戸時代から４００年の捕鯨の歴史を持ち「くじらの町」として知られる和歌山県太地町。まだ空に星が瞬く午前５時、男たちが魚市場そばのたき火に集まってきた。イルカを含む小型鯨類の追い込み網漁をなりわいとする漁師たちだ。屈強な男たちが談笑するそばで、小柄な三好雅之《みよしまさゆき》（68）は静かに火を見つめていた。

夜明けと同時に出漁して約３時間。熊野灘の深緑の海面

から「プシュー」と噴気を上げてバンドウイルカの群れが飛び出した。「あったど！　クロ（バンドウイルカ）や！」。300頭はいる。

無線から聞こえる怒鳴り声を合図に、扇形に展開していた船団は隊列を組み直して群れを囲んだ。「カン、カン」。鉄管をたたく音に操られ、群れはリアス式海岸の湾へと追い込まれていく。

監視

湾には、物々しい雰囲気が漂っていた。数人の警察官、ゴムボートに乗った海上保安官、漁協職員。そしてその中心に、どくろが描かれた黒い服に身を包む数人の外国人の一団。反捕鯨団体「シー・シェパード」のメンバーだ。漁期の間、隣町に常駐し漁を〝監視〟している。ビデオカメラを三好ら漁師たちの顔ぎりぎりまで近づけ、「恥を知れ」「殺人鬼」と罵声を浴びせる。捕獲する頭数は決められており、水族館に引き取られたイルカ以外は後日、全て湾外に逃がした。

同町のイルカ漁を批判的に描き、2010年の米アカデミー賞を受賞した米映画「ザ・コーヴ」の公開以降、太地町漁協には海外の活動家から毎日のようにファクスが届く。「地獄に落ちろ」。受け取るのは漁協に勤める三好の長女。「生まれ育った町で昔ながらの仕事をして、なんでここまでされなあかんのか」。三好が語気を強めた。

戦後、まだ外洋での商業捕鯨が禁止されていなかったころ、太地町の漁師は「鯨を知り尽くしている」と重宝され、多くが南極海へ向かった。

「彼らは地元で『南極さん』と呼ばれて天上の人やった

網を絞り湾内のバンドウイルカの群れを追い込む三好雅之（右から２人目）ら。水族館に引き取られたイルカ以外は後日、全て逃がした＝和歌山県太地町

空に星が瞬く未明、たき火の前で静かに出漁を待つ三好雅之＝和歌山県太地町

よ」。三好も幼少期から憧れた。

水産学校卒業後はマグロ漁師だった父親の後を継いだ。1977年、鯨類追い込み網漁の組合に誘われて、念願の「鯨捕り」になった。

断末魔

暑い夏の昼すぎだった。組合での初めての漁。港に追い込んだゴンドウクジラを仕留めるため、最年少だった三好が率先してボートから銛《もり》を投げた。初めて放ったその銛が、たまたま1発で急所に当たり、ゴンドウクジラはぴくっと体を震わせて絶命した。

「そのときの表情を見てしまったんよ。大きな体をくの字に曲げて、往生するときのあの表情を。僕には合わんなと思った」。マグロやカツオでは見たことのないカッと見開いた断末魔の目。三好はショックを受けた。

子どものころから鯨やイルカが食卓にあった。命を食べて、今の自分がある。そのためには誰かが命を奪わなくてはいけない。当たり前の事実を眼前に突き付けられた。

「俺にはたまらんよ」。結婚したばかりの妻にそう漏らし、1年で追い込み網漁の船を降りた。その後はイワシやカツオを求めて海に出た。3人の子どもに恵まれる一方、生活は苦しくなった。

80年代に南極海の商業捕鯨が停止されると、国内の需要は一気に規制対象外の小型鯨類に集まった。肉の値段が急騰した。家族を養うため、三好は泳ぐ鯨類を船から銛で直接狙う「突きん棒漁」の組合に入った。

命の尊さ

初めての漁期を終えた時、組合長から「鯨やイルカの弔いをしてやらないか」と誘われた。「弔い」という言葉にハッとして、お寺に同行した。

寺の堂内に尼さんの読み上げるお経が響く。三好は自分が仕留めた鯨たちのために、初めて手を合わせた。気持ちがすうっと軽くなった。「他の命をいただいて、自分は生かされている。感謝の気持ちと命の尊さを強く感じたんよ」

鯨やイルカを追うようになってから30年余り。今でもあのゴンドウクジラが忘れられない。かわいそうだから殺すな、という反捕鯨団体の意見も分からないではない。

だが気持ちの整理はつけた。「ずっとこれで生活をしてきた自負があるんよ」。漁があった日は、殺生した鯨類への感謝と、自分の心を静めるために般若心経の写経を続けている。ノートは5冊になった。漁期が終わると、毎年欠かさずお寺で供養する。

家の近くの寺に、200年ほど前の鯨捕りがつくった鯨の供養碑がひっそりと建っている。前を通るたびに立ち寄って、手で触れる。「同じ思いをしてたんやろうなあ」。先人との距離がぐっと縮まった気持ちになる。太地で続く400年の歴史の列に加われた気がした。

小型鯨類漁業

国際捕鯨委員会(IWC)が商業捕鯨を停止している現在も、日本は北西太平洋や南極海などでミンククジラなどの調査捕鯨を続け、IWCの規制対象外の小型鯨類を沿岸で捕っている。

小型鯨類とはツチクジラやゴンドウクジラ、イルカなどを指し、国が毎年、鯨種ごとに捕獲枠を設定している。食用のほか国内外の水族館への生体販売も行われている。

小型捕鯨の基地は太地町のほか網走(北海道)、鮎川(宮城県)、和田(千葉県)にあり、イルカ漁は青森県、沖縄県などでも行われている。

イルカ漁の主な漁法は、群れを船団で湾に追い込む「追い込み網漁」と、船上から直接銛《もり》を打ち込む「突きん棒漁」で、反捕鯨団体が激しく抗議している。

犬ぞり探検家

極寒の観測に生きがい

北極に感じた温暖化
植村直己に魅せられて

氷点下40度。凛《りん》とした空気の中、13頭の犬たちが一斉に走り始めると、そりはゆっくりと海氷上を滑りだした。「アッチョ、アッチョ（右へ、右へ）」。掛け声とムチで一つの方向へと進める。北極圏のカナダ・レゾリュート。山崎哲秀《やまざきてつひで》（45）の鼻先には鼻水のつららができ、長いまつげには氷が張り付いていた。

北極海は２０１２年、氷の面積が観測史上最小を記録した。四半世紀にわたり北極の変化を見つめてきた山崎には、北極の声なき声が聞こえる。

文と写真・沢野林太郎

原点

高校３年の冬、父に初めて思い切りぶたれた。「将来、外国の山や海を探検したい」。京都市の進学校に在籍、当然大学に進むと思っていた父は山崎の夢を頑として認めなかった。泣きながら部屋を飛び出した。

原子力発電所の技術者として働く父の後ろ姿を見て育った。米国から原発技術を日本に持ち帰り、昼夜を問わずに働き続ける父。厳しかった。

福井県の美しい海の近くで暮らした。高校１年の時、冒険家植村直己《うえむらなおみ》の遭難をニュースで知る。手に取った植村の「青春を山に賭けて」を読んで衝撃が走った。人生が変わった。

卒業後に上京し、アルバイトで資金をためては海外へ。19歳の時、初めて挑んだアマゾン川はいかだが転覆し失敗

犬ぞりを掛け声とムチで操る山崎哲秀＝カナダ・レゾリュート沖の海氷上

したが、翌年、44日間で5千キロを下った。「冒険は知らないから行ける。知れば知るほど怖くなるから」

凍傷

探検家を夢見た青年は13年2月、北極の海氷上に犬と共にテントを張っていた。北緯74度。気温は冷凍庫よりさらに20度も低い氷点下41度。寒さで目覚めるとテントの内側は霜でびっしりだ。体から放出された水分が霜となった。寝袋も凍って箱のように硬い。

「結構冷え込んだな。これで風が吹くと凍傷にやられてしまう」

昨夜は、地吹雪でテントがバタバタと揺れ、外では犬が何度もほえていた。「シロクマが来ると犬がほえる。油断できない」。これまで何度も遭遇した山崎は、寝袋の脇に必ず猟銃を置く。

こんろに火を付け鍋に氷を入れる。乾いたコメとステーキ大の肉2枚を入れて沸騰させ、一気にかき込む。「いっぱい食べないと体が冷えてしまう」。使い終わったスプーンは1分足らずで冷えて手に張り付いた。

ドリルで海氷に穴をあけ、厚さを測る山崎哲秀
＝カナダ・レゾリュート沖の海氷上

外では犬たちも腹をすかせていた。犬ぞりの技術はグリーンランドでイヌイットと長年生活している大島育雄《おおしまいくお》(65)の所に通い詰めて教わった。

犬ぞりは、人類で初めて北極点を制した冒険家ピアリーや、南極点を制したアムンゼン、そして憧れの植村も使った。

イヌイットの間でも近年、スノーモービルが普及しているが、故障したら終わりだ。「犬ぞりなら故障しないし、遠くまで行くことができる」

テントの中からドリルを持ち出すと氷に穴を開け始めた。氷の厚さを測る。118㌢。「今年は随分と薄いな」。例年ならこの海域は2㍍近くあるという。年々薄くなっている気がする。

他にも気温、雪の温度、風速など15項目の観測を終え、その場でノートに記録した。急がなければ凍傷になる。「日本の研究者にデータを送っています。温暖化や気候変動の研究に役に立ててもらいたくてね」

勲章

観測に興味を持ったきっかけは南極だ

った。04～06年、政府が派遣する南極観測隊に参加。国家事業として行われる大規模な観測の現場を目にした。「冒険だけじゃなく、観測も面白そうだな」

帰国後、北極に飛んだ。犬ぞりチームをつくり自分で観測を始めた。やがて研究者から氷や雪に関するデータの依頼が寄せられるようになる。

北極や南極の気候変動や生物の調査をする国立極地研究所（東京都）。北極観測センター長の榎本浩之《えのもとひろゆき》（55）は、山崎のデータを毎回心待ちにしている。「衛星写真では分からない実際の氷の状況が分かる。貴重なデータです」

07年1月、海氷上を犬ぞりで走っていた時に突然、氷が割れた。とっさに陸地に飛び移ったが、犬たちを乗せた氷は沖に流された。大切なパートナーを全て失った。「真冬にあそこで氷が割れるなんて考えられない。北極に異変が起きている」

現在のリーダー犬「陸」は、流された犬の子どもだ。山崎にも12年、長男が生まれた。妻も元南極観測隊員。大阪府で大学職員をしながら夫を支えている。

1年の半分を北極に単身赴任し、残りの半年は日本で講演をして費用を集める生活。最近は研究者の観測をサポートすることで給料をもらうこともある。「自分にしかできないことがある。なすべき仕事がはっきり見えてきた」。顔にいくつも残る凍傷の痕は、探検家の勲章だ。

北極の温暖化

国連の気候変動に関する政府間パネル（IPCC）が2007年に公表した第4次報告書によると、過去100年に世界の平均気温は0.74度上昇したが、北極の上昇率は約2倍だった。

北極の海氷面積も近年激減。1980年代、年間で最小の時期でも700万平方㌔以上あったが、宇宙航空研究開発機構（JAXA）によると2012年、半分以下の349万平方㌔と最小記録を更新した。今世紀後半の夏時期にはほぼ消滅するとの予測もある。

氷の減少に伴い、一方では北極海を通過する船が増えている。12年、液化天然ガス（LNG）が日本に輸送された。

文部科学省は11年、国立極地研究所や気象研究所などの約300人で観測チームを発足させ、本格的な北極観測を始めた。今後、温暖化が地球に与える影響を予測する。

Iターン漁師

深夜の海で網手繰る

家族と自然に支えられ
離島暮らしはネットが縁

文・藤原　聡
写真・堀　誠

夕闇が迫る隠岐諸島・西ノ島町（島根県）の浦郷港。渡辺優《わたなべまさる》（26）の乗り込む巻き網漁船「一丸《いちまる》」が僚船と共に出漁、間もなく船影は小さくなり、沖に消えた。

「一丸」は、灯船《ひぶね》と呼ばれる魚の探索船3隻と魚運搬船の計5隻で船団を組む。夜中から未明にかけて隠岐諸島の近海で2、3回、網を下ろして、主にアジ、イワシなどの回遊魚を捕っている。

漁獲量は多い場合、1回100㌧にもなる。帰港するのは翌朝。漁師たちは、夜の暗い海で12時間以上過ごす日々を送っている。

検索

渡辺は大阪府寝屋川市で生まれ育った。マンションやショッピングセンターが立ち並ぶ典型的なベッドタウン。緑にあまり恵まれないこの街で暮らした反動からか、中学生のころから、自然のある田舎に住みたいと思うようになった。

釣りが好きで、府立高校に入学後は、鮮魚店でアルバイトをしたこともあった。漠然とした田舎暮らしへの憧れが、いつしか「漁師になる」という具体的な目標になる。

母弘美《ひろみ》（50）は都会育ちだったが、将来の希望を話すと、賛成してくれた。ところが、高校の進路相談で担任に「漁師になりたい」と言うと、「今までそんな生徒はいなかったから自分で就職先を探してほしい」。

そこで、インターネットで「漁師」を検索。目についた

島の観光名所「摩天崖」に妻麻衣と娘の咲恵を連れてきた渡辺優。
島に来たころは妻とデートに来たこともあるが久しぶりという＝島根県隠岐諸島・西ノ島町

夕闇迫る浦郷港から一斉に出漁する「一丸」など、巻き網漁船の船団＝島根県隠岐諸島・西ノ島町

のが、隠岐諸島の西ノ島町にある漁業協同組合ＪＦしまね浦郷支所のサイトだった。

同町と浦郷支所、所属する水産会社3社は１９９５年「漁師になってみませんか」という求人広告を全国紙に掲載。日本初のIターン漁師募集の広告として注目を集めた。

浦郷支所の２０１２年度の漁獲量は約2万9千トンで売り上げは約20億円に上る。Iターン者を迎えることにしたのは、過疎化と高齢化が進み「後継者を育てないと漁業が消滅してしまう」との危機感からだった。

浦郷支所には3社4船団で１１０人の漁師がいるが、ほぼ半数の53人が、北海道から鹿児島県まで25道府県の出身者だ。ほとんどが漁業の未経験者だが、先輩漁師が2、3年かけて一人前に育てていった。

「町営住宅を用意するなど福利厚生もしっかりしていると思った。島根県が、都会からのIターン者受け入れに力を入れていることも知っていたので、ここで漁師になろうと決心しました」

言葉の壁

渡辺は、浦郷支所に履歴書を送り、高校3年だった05年11月、「漁業体験」のため、西ノ島を訪れた。

夕方、浦郷港を出る「一丸」に初めて乗船。仮眠をした後、午前0時ごろ、漁が始まった。灯船が海に投じた水中灯に魚が集まり、そこを中心にして「一丸」が円を描くように網を下ろして取り囲む。灯船を円の外に逃がし、網を徐々に絞って魚を手繰り寄せる。

「１００トンにもなる大量の魚が網で引き揚げられるのを目の前で見て、すごいなあと、素直に感動しました」

渡辺は高校を卒業すると、迷わず「一丸」の乗組員になったが、最初は先輩漁師の言葉が分からず苦労した。

隠岐の方言では「大きい」は「かいな」「捨てる」は「でっこ」。「怒られても何を言っているのか分からず、どう対応していいか分からなかった。言葉の壁は大きかったですね」と振り返る。

冬の試練

渡辺は最初から船酔いしなかったが、浦郷支所の採用担当者は「漁業体験でひどい船酔いになり、断念する人も多い。体験した者の半分ぐらいが見習い漁師になるが、1年以内にその半数が辞めていきます」と話す。

冬は午後3時ごろ出港し、戻るのが翌日の午前10時ごろと、夏より長時間の乗船になる。海も荒れて船は大きく揺れ、極寒の中での船上作業は過酷だ。「網が破けると、素手で補修するので、あかぎれ、ひび割れで手が切れる。揺れる船の上では立ってバランスを取るだけでも疲れる。辞めたいと何度も思いました」

仕事の疲労を癒やしてくれるのは家族だ。西ノ島に来て間もなく、浦郷小学校で開かれた運動会で、島育ちの麻衣《まい》(23)と知り合い、長い交際を経て結婚。13年1月には娘の咲恵《さえ》も生まれた。

自然の素晴らしさにも魅せられている。島の北側には257メートルの断崖、摩天崖《まてんがい》の絶景があり、夜は降るような満天の星が見える。近くの海に素潜りすると魚介類が捕れ、山に行けばクリ拾いや山菜採りができる。

「ファミレス、コンビニはなくても、都会にはない自然がここにはある。これからも島で暮らしていこうと思っています」。将来は自分の船を持ちたい、というのが渡辺の夢だ。

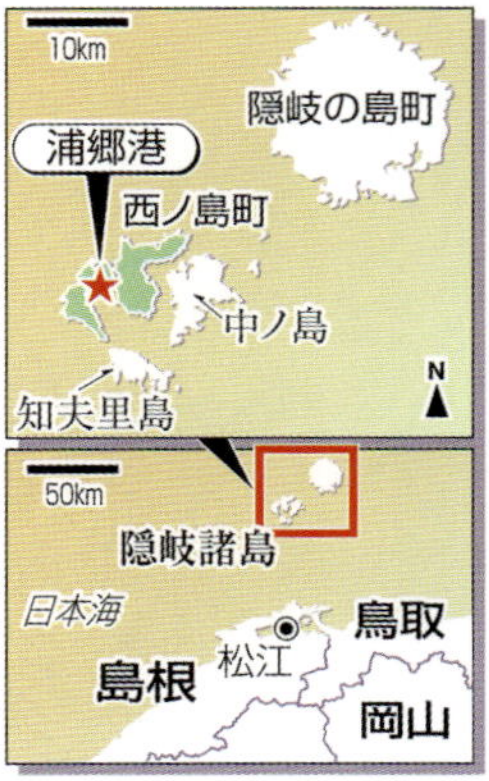

空き家バンクや移住体験

全国の多くの自治体が、Iターン就職の希望者を支援するために設けているのが「空き家バンク」。過疎化で増えている空き家を有効利用して、Iターン者の定住を促進する制度だ。

移住体験をする専門の住宅を建設するケースもある。福島県会津若松市は、磐梯山を一望できる田園地帯に「ほたるの森移住体験住宅」を開設した。木造平屋で延べ床面積は約82平方メートル。入居期間は1カ月以上3カ月以内となっている。

東京で情報発信する自治体もある。山梨県は6月、移住希望者の相談に対応するため、東京・有楽町に「ワンストップ相談窓口」を設けた。

島根県などが出資する「ふるさと島根定住財団」は2013年10月27日、東京・秋葉原で「しまねUIターンフェア」を開催。移住希望者にさまざまな支援制度の情報を提供した。

海外駐在員

シェルパと共に

文・小沢剛
写真・高橋邦典

気温42度の灌漑工事
ネパールへの恩返し

現場は、ネパール西部のネパールガンジから、でこぼこの「高速道路」を西へ1時間半ほど走ったチサパニにある。山国とはいえ、そこはインド国境に近いタライ平原。取材した5月で気温は42度に達した。集落の横を流れるヒマラヤ有数の大河、カルナリに取水口を設けて5キロ余の水路を開き、白く乾いた原野を農地に変える。ネパール最大級という灌漑《かんがい》工事だ。

暑熱で日中はコンクリートが固まらない。黙々と動くサンダル履きの数百人の作業員。そんな現場に、石黒久《いしぐろひさし》(67)はカトマンズの事務所から2〜3カ月に1度出向き、進行状況を確かめて打ち合わせを重ねる。肩書は富山県の建設会社、丸新志鷹《まるしんしたか》建設のネパール支店顧問。山の民シェルパ中心の支店で、建設工事の近代化を託されている。

ふるさと

神戸に家族を残し、66歳の2012年夏、単身赴任した。給与は、日本では高額とは言えない。しかし石黒はこう言う。「お金なら他に誘いもあった。わがふるさと、という思いがあるから、何か支援したい」。胸に宿すのは、自らを形作った国の一助になれば、との思いだ。

トップクラスの登山家だった。新潟高校で本格的に登山を始め、日大時代には社会人山岳会で腕を磨いた。三浦雄一郎《みうらゆういちろう》のエベレストスキー滑降では1969年の偵察、70年の本隊で世界最高峰に遠征、70年は三浦を標高約

カルナリ川の灌漑施設工事現場で、作業スタッフと話す石黒久＝ネパール西部チサパニ

8千メートルのスタート地点、サウスコルまで導いた。73年には日本エベレスト南壁登山隊に選ばれ、10月、厳寒のエベレストに、サウスコルから直接登った。世界初の秋季登頂成功だった。

ヒマラヤは73年が最後となった。その年入社していた大成建設での仕事が面白くなってきた。アジア、アフリカ、南米の工事。ネパールでは最大規模の水力発電所を造った。50歳代後半、本社で幹部役員の可能性もあったそうだ。しかし「自分は外が似合う」と現場にこだわった。

65歳で仕事にピリオドを打った。翌年、ネパール治水砂防技術交流会を通じ丸新志鷹建設から声がかかった。ネパールとシェルパへの恩返しの機会、と受けた。

エベレスト

69年、初めての海外遠征は、インドからトラックに資材を載せてネパールへ入った。大地に沈む夕日とヒマラヤの高峰。これが世界へ目を広げる原風景になった。

73年はエベレスト登頂後、サウスコルまで戻れず、標高8650メートル地点でビバーク（緊急露営）を余儀なくされた。

生と死のはざま。眠れない一夜が明けた朝、酸素ボンベを担いで助けに登ってきたのが、シェルパと長谷川恒男《はせがわつねお》だった。

一緒に登頂した加藤保男《かとうやすお》も長谷川も先鋭的登山家だが、その後、遭難した。2人をはじめ山の仲間がネパールや隣国のカラコルムの山に眠る。「加藤も星を見ながら登ってたんだろうな」。冬の世界最高峰に消えたパートナーをポツリとしのんだ。自らが情熱の矛先を仕事に向けていた間に消えていった仲間が眠る地、という点も気持ちが傾く要因だろう。

「ネパールは自分の青春を燃焼させてくれた国。シェルパにはエベレストで助けられた。シェルパなしにエベレスト登頂はできない」「土木技術屋として最後の応援ができるのは技術屋冥利《みょうり》に尽きる」。気負いなく感慨や意気込みを口にした。

辛抱強く

会社は立山のガイドを輩出した立山町芦峅寺《あしくらじ》にあり、92年に海外唯一の支店を開設した。2011年にカルナリ川

カルナリ川の灌漑施設工事現場近くで水浴びをする子供たち＝ネパール西部チサパニ

工事を受注。取水口建設の第1期だけで10億円を超し、ブータンの道路工事も契約。国際的な土木工事の経験者が必要となり、石黒に白羽の矢が立った。

「ワーク・ファースト、ドキュメント・レーター（作業優先、書類は後）」。これがシェルパの考え方だ。経験と勘に頼った手法に、「工程表」と金銭面の「フロー」に基づくシステマチックな管理を導入。場当たり的な資金と資材投入から、毎月の入金予定と機械、材料、労賃、作業所経費など細目化した出金のバランスを取って工事を進める仕組みを指導する。

「仕事すれば何となくもうかると、一生懸命働くだけでは駄目」と指摘した。けれど、焦らない。実現しない現実にストレスをため込む邦人を見てきた。「幼稚園児に諭すように教えている。辛抱強く。指導が定着するまで3～4年かかる」

支店長のハクパ・ギャルは「石黒さんの仕事のやり方が、わが国には必要だ。彼が来た意味がそこにある」と語った。

食事、水、衛生。環境は厳しい。年齢もある。丈夫でなければ務まらない。「これまでの現場経験から自信はある。年とともにしんどくなるが、それ覚悟で来ているから」。静かな口調だった。

在留日本人数

外務省の「海外在留邦人数調査」によると、2011年10月1日時点の海外の日本人は118万2557人で、過去最多となった。国別では多い順に米国、中国、オーストラリアとなっている。

ネパールの在留日本人は909人（12年10月時点）。だが、民間企業関係の駐在員はたった73人だ。現在操業中の日系企業数は45しかなく、ほぼ半数の21社が観光業で、建設業は4社だけ。在ネパール日本大使館は「大企業経験者で、中小企業のネパール支店で働く石黒久さんのようなケースは初めてかもしれない」と言う。

国民1人当たりの国内総生産（GDP）は695ドル（約7万円）と南アジアでも最貧国の一つ。産業別GDPは農業が約35％と断然首位。労働人口の約66％が農業従事だけに、石黒が関わる灌漑《かんがい》工事の重要性が分かる。

巨城のような石垣の前に立つ平萬次。祖父らと30年かけて石を積み、造り上げた＝山口県・祝島

「天空」に実り求めて

祖父と造った巨大石垣 30年かけ積み上げる

文・藤原 聡
写真・那須圭子

ビワ畑の間を縫って延びる山道を歩いて行くと、目の前が開け、巨城のような石垣が現れた。

瀬戸内海に浮かぶ小島、山口県・祝島の南端。大きな石は直径2メートルを超え、積み上がった高さは7メートル余り。その石垣が6段重なり、見る者を圧倒する。平萬次《たいらまんじ》(80)が、祖父や父母らと石を一つ一つ積み、約30年かけて造り上げた棚田だ。

原野

平の祖父、亀次郎《かめじろう》が、この地に入植したのは大正末期。一面の原野が広がり、近くの山の上に大きな岩石がごろごろ転がっていた。「コメさえあれば人間は生きていける」が信条の亀次郎は、この石を利用して棚田を造ろうと決心した。

「私なら、こんな石だらけの原野に、田んぼを造ろうなんて頭に浮かばない。じいさんは、その信念を貫き通したのだから、すごいと思う」

棚田造りのため寝泊まりする作業小屋も、亀次郎が松を切り出して削り、1人で組み上げた。

平は、祖父の言葉を思い出す。「よく『できない』と言う人がおるが、あれはやる気がないんじゃ。人間やろうと思えば、できないことはない」

祝島は度々、台風の直撃を受け、冬は豊後水道を通る強風にさらされる。島民は家の周りに石を積み、土やしっくいで固めて風を防いだ。垣根のように続く練り塀が独特の風景をつくっている。その練り塀やため池を亀次郎は少年のころから石工として造ってきた。

水を張った棚田に肥料をまく。目の前に瀬戸内海が広がる＝山口県・祝島

棚田造りは、山にある石をツルハシやノミで切り出し、斜面を滑らせて下に落とす作業から始まる。大きな岩は、発破を掛けて砕いた。石垣が完成すると、山を下りて、肩で担いで土を運び上げ、山の湧き水を流し込んで苗を植えた。

カンテラ

戦後間もなく、平の父、義治《よしはる》が病気のため40歳で亡くなった。亀次郎は落胆して棚田造りをやめたが、平が中学校を卒業すると、再び2人で石を積み始めた。

「もう65歳になっていたが、その年齢からまた10年以上かけて棚田を2段も造った。誰もまねができないことですよ」

平はそう言うと、作業小屋でカンテラを手に取り、懐かしそうに眺めた。学校へ行かず、読み書きができなかった亀次郎のため、夜になると、このカンテラの明かりで「宮本武蔵」や「太閤記」などを読んで聞かせた。祖父はそれを何よりの楽しみにしていた。

平は昼間、石工として働き、夕方からヘッドランプをつけて夜遅くまで棚田で農作業をした。渇水を防ぐため毎日、手入れが必要だったからだ。長年、石頭《せっとう》ハンマーを振り続けたので、右手の親指は曲がっている。

島民は現在、約500人だが、戦後の最盛期には5千人を超え、100軒以上がコメを作っていた。高度経済成長のころから、現金収入を求めて島民は〝本土〟に出稼ぎに行き、棚田は放置され原野に戻った。今は、平の他に2軒がコメを作っているだけだ。

「私も60歳のころ、田を手放そうと思ったこともあったが、一度、放棄して原野になると、元に戻すのは難しいから頑張った」

反原発

1982年、祝島から4キロ先の本州側に上関原発を建設する計画を中国電力が発表した。島と建設予定地の間の海は豊かな漁場で、スナメリなど希少生物の宝庫でもある。島民は「自然も暮らしも破壊される」と反対に立ち上がった。

平の妹、正本笑子《しょうもとえみこ》(77)は、反対運動をする女性たちの中心的存在だ。毎週月曜日の夕方、島内を回る原発反対のデモに、盆も正月も休まず参加してきた。平は普段、表立って運動はしないが、山口県庁前の座り込みなどの節目では妹たちと行動を共にした。

2年前、妻が亡くなり、一人暮らし。今は、岡山県に住む息子夫婦と2人の孫のためにコメを作る。「1年分を送っている。子どもや孫たちが食べてくれるのを励みに、作っておるんですよ」

今年(2013年)も5月中旬、棚田の一つに水を張り、田植えをした。

縄を掛けた丸太を引き、何度も田を往復してならし、苗を植える。上の段からそれを眺めると、雲を映した棚田が海と重なり、まるで天空に浮かんでいるようだ。

祝島を舞台にした映画が相次いで製作されたため「平さんの棚田」は名所となり、全国から観光客が訪ねてくるようになった。文化財として保存しようという話も持ち上がっているが、平は首を振る。

「じいさんは、何事も3代で終わるのが世の習い、と話していた。私が死んだら、この棚田も原野にかえるだけじゃ」

体が動く限り、棚田でコメを作り続けたいと願う平はぽつりと言った。「ある日、ここで倒れて死んどった、というのが一番ええな」

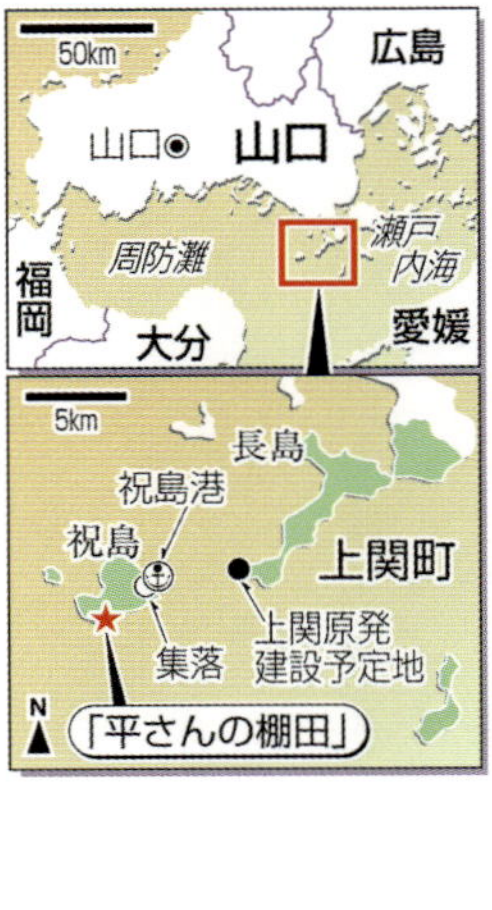

棚田の保全

山あいの傾斜地に広がる棚田は、農家の高齢化や後継者不足で耕作放棄されるケースが増えているが、さまざまな保全活動も行われている。

農林水産省は1999年、国土保全や生態系の維持などに果たす棚田の役割を理解してもらうため、全国117市町村・134地区の棚田を「日本の棚田百選」に認定した。

認定地の一つ「下赤阪の棚田」がある大阪府千早赤阪村は2013年4月から「大人の棚田塾」を始め、受講者が耕運機の運転方法などを習っている。

石川県輪島市にある名勝「白米千枚田《しろよねせんまいだ》」は、棚田に約3万本のろうそくをともすイベントを08年から開催。多くの観光客を集めている。

岐阜県下呂市の棚田で生まれたブランド米「龍の瞳」は「大粒で甘い」と人気を呼び、小売価格が5キロ5000円前後と高価だが、順調に売り上げを伸ばしている。

第7章 天職に出合う

1,000円×187,500本
ジョイフル賞
平成25年6月3日(月)~
平成25年10月1日(火)
夏の大勝負!
何本とれるかな?
2013 6 JUNE

百貨店店長／若手起業家／
レストランシェフ／
スタイリスト／信用組合支店長

百貨店店長

人と現場が大好き

文・緒方伸一
写真・堀 誠

「会議以外はほとんど売り場にいます。人と現場が大好きなんですよ」

嘱託から女性トップ昇進
亡夫の教え、ノーは禁句

横浜市青葉区の東急百貨店たまプラーザ店。店長の鈴木道子《すずきみちこ》(59)は開店前の午前9時すぎ、姿勢を正し、両手を前に重ねて丁寧に一礼し、売り場に足を踏み入れた。

次の瞬間から、カモシカが跳ねるように猛ダッシュ。「このバッグ、雰囲気が違うよね」「値札を見やすく書き直して」「テーマを絞って並べないと」……。手を伸ばしたくなる魅力的な展示か、買い物しやすい動線かなど徹底的な「お客さま目線」で各階を見て回り、担当者にてきぱきと指示して直させる。ごみが落ちていれば拾い、店の外周もチェックする。

漬物石

「夫の胃袋さえつかんでいれば家庭はうまくいく」と専業主婦を貫いた母に倣《なら》い、23歳で結婚後、アルバイト程度に着物着付けの講師などをしていた。

母は、父が60歳で急死した途端、ショックで寝込んでしまった。それを見た鈴木は「本気で働こう」と思い直した。そのとき既に27歳。腰掛けの応募と思われて数社の試験に落ちた後、「年齢、経験、性別、学歴一切不問」という募集が目に留まった。東京都の町田東急百貨店内にあった家庭雑貨店で、嘱託社員として働き始めた。

仕事は楽しく、1年後、店の人事課長に「ちゃんと働き

開店前の店内を見回りチェックする鈴木道子（左）＝横浜市青葉区の東急百貨店たまプラーザ店

たい。正社員にしてください」と直訴し認められた。この店が東急百貨店に吸収合併されたため、鈴木は自動的に同社の正社員になった。

時代の最先端だと思っていた百貨店は、書類に必要なはんこの多さなど、入社してみれば不思議なことだらけ。生え抜きではない強みを発揮し、遠慮なく指摘しては改善していった。

上司に「店を活気づけるために小石の波紋程度のさざ波を立てて」と言われたが、「いつも漬物石をドップーンと投げ入れたぐらいの大騒ぎになって、周りはずぶぬれでしたね」と豪快に笑う。

持ち前の明るさと馬力で食器のバイヤーや婦人服飾雑貨の統括マネジャーなどをこなし、同社で常に女性のトップランナーとして昇進を続けた。２０１１年、店舗面積３万平方メートル、年間売上高３２０億円、社員と出入り業者計約２５００人を束ねる、たまプラーザ店の店長に抜てきされた。

働く意味

だが、すべて順調だったわけではない。

社員食堂の片隅で、東急グループの企業理念を話す鈴木道子（右端）
＝横浜市青葉区の東急百貨店たまプラーザ店

百貨店で働く以上、絶対に休めない繁忙期が三つある。正月の初売り、夏のクリアランスセール、歳末だ。その一つ、04年夏のセールがピークの日、夫が亡くなった。

夫は、百貨店という大きな組織で一歩ずつ出世する妻を誇りに思い、いつも励ましてくれた。

「何か頼まれたとき女性は『できません』と言いがちだけど、絶対に断っちゃ駄目だよ」などと具体的に助言した。以来、鈴木は社内外を問わず、依頼があれば「はいっ」と二つ返事で応じた。

その夫が胃がんを患い、わずか3カ月で逝った。当日も働いていた鈴木は激しく自分を責めた。

「人の命より重い仕事なんて、あるんだろうか?」。何度自問しても答えが見つからない。夫を失った鈴木は、「働く意味」まで一緒に失った。

それから2年間、勤務を終えた午後8時すぎから深夜まで、心理学を学ぶ専門学校に通った。

カウンセラーの資格を取り、自らもカウンセリングを受けた。夫の話になると今も涙ぐみ、言葉がよどむ。「皆それぞれ、いろんなものを犠牲にして働いている。だからこそ、仕事には真剣に向き合ってほしいんです」

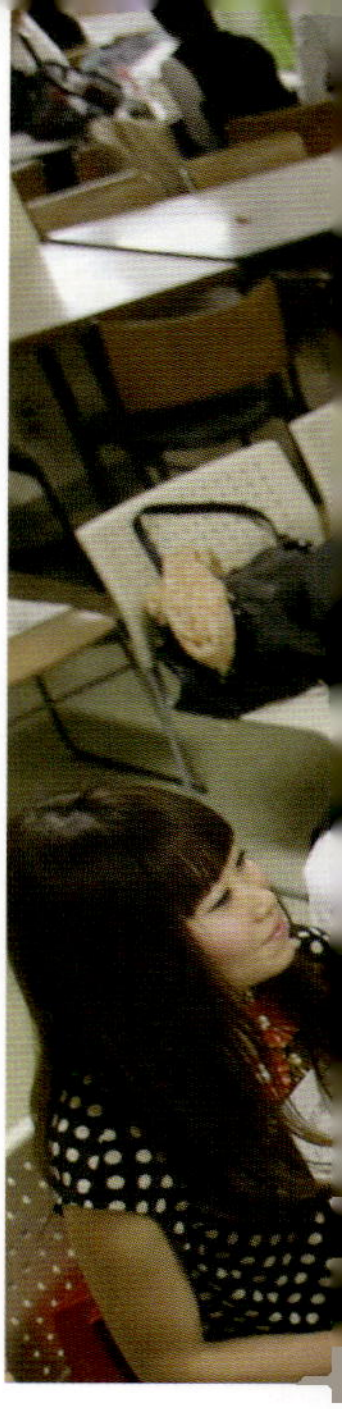

即応力

お客さま、つまり私たちは気まぐれだ。店員の言葉や表情一つで気持ちが和んだり怒ったりする。「笑顔は一瞬でつくれないと駄目。状況に瞬時に対応できる『即応力』が命です」

一方で「女性としての経験や感性が全て役立つ魅力的な仕事」と強調する。「テレビやCMで流行を知り、家の模様替えや服選びなど日常の中で消費者の感覚を培っている。売る側としてそれらを全部生かせるんです」

目標は「お店を長く存続させること」と言う。

「売り上げはお客さまの支持率だからもちろん大事。だけど百貨店はひな祭りや入学、成人など人生の節目に利用される。人の思い出と深く結び付いているから、何世代にもわたって『存在し続ける』ことが使命だと思っています」

夜8時の閉店が近づくと、地下の食料品売り場へ。社内再婚した夫との夕食を作るためだ。「値引きシールが貼ってあると、すごくうれしい。でも卵が欠品しているのを見つけると怒るから、みんなに嫌われてますけどね」と、また高笑い。「現場の人」の長い一日が、もうすぐ終わる。

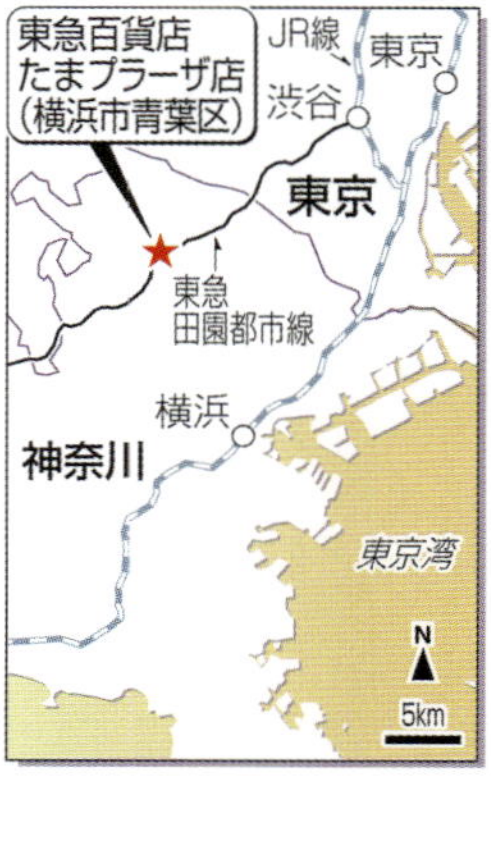

百貨店の売上高

日本百貨店協会によると、2012年の全国百貨店売上高（店舗数調整後）は前年比0.3%増となり、16年ぶりに前年実績を上回った。

安倍政権の経済政策「アベノミクス」による株高などを背景に、13年に入って消費意欲は一層高まり、1月から3カ月連続で前年同月の売上高を超えた。

宝飾品や時計など高額品が好調な上、主力の衣料品や雑貨など幅広い商品の売り上げが上向いてきた。大都市圏では今後も店舗の改装・増床が予定されている。

大都市圏以外の百貨店では、郊外型の大規模ショッピングセンターや専門店、スーパーなどとの競争激化で業績が低迷し、閉鎖する店舗も出ている。

最先端の街で全力疾走

日本のセンスを世界発信
挫折を乗り越え

文・高口朝子
写真・メグ丸山

有名ブランド店が並ぶ米国ニューヨークのマンハッタン。人気テレビドラマの撮影に使われたレストランの前で、プラダのハイヒールをはいた矢野莉恵《やのりえ》(31)がポーズを取る。カメラを構える中国出身の鄭潔《ていけつ》(30)が言う。「足は交差した方が、かっこいいね」。黒髪が目立つ2人は、会社の共同経営者だ。

2012年8月、有名人らが身につけた衣料品を売買するサイト「マテリアルワールド」を始めた。ファッションにこだわる女性スタイリストやブロガーらが売りたい洋服や靴を出品し、雑誌グラビアのような写真で紹介。まだ売りたくないお気に入りの品も掲載され、他人のクロゼットをのぞくような楽しさもある。

海外を転々

矢野の一日は、鄭と共に全力疾走だ。目覚めるとすぐ、会員向けにスマートフォンで新情報を発信する。カフェで朝食を取りながら商談。昼は出品者と打ち合わせをし、夜は投資家との交渉に臨む。

大好きなアルゼンチンタンゴを踊るパーティーへも起業後は2、3回行ったきり。「1、2年は結婚もお預けかな」

愛知県出身の矢野は、大手自動車部品メーカー勤務だった父清俊《きよとし》(65)に付いて、米国、カナダ、メキシコなどを20回以上、転々とした。

数年おきに転校し、異なる人種や宗教に囲まれた。スー

米国ニューヨークのマンハッタンを共同経営者の鄭潔（左）と歩く矢野莉恵

写真スタジオで撮影用の服を選ぶ「マテリアルワールド」のスタッフたち＝ニューヨーク

パーで指をされたり、韓国人に「日本人とは友達になれない」と言われたりした。しかし、日本のファッションやアニメが大好きだという人もいて「私よりもニッポンを意識する人がいる」と、母国への興味と憧れをかき立てられた。

メキシコではスペイン語が分からず、同級生の輪に入れない。「どうすれば、みんなが注目するの」。必死で考え続けたある日、パーティーで感情が爆発。ダンス音楽に合わせ叫びながら頭を振り、腰をひねり踊った。

「すごいね」。驚いた同級生が話し掛けてきて、ようやく友達ができた。「言葉も肩書も必要なく、コミュニケーションできる方法があるんだ」と感じた。今も仕事で疲れると、好きなタンゴを流し、体を動かす。

帰国して日本の大学に入学。卒業後は大手総合商社に就職したが、日本人同士の「暗黙の了解」で物事が決まる空気に違和感を持った。

「私の強みは日本と海外両方で育ったことかな」。日本の良さを発信したいとの思いも膨らみ、商社を辞めて経営学修士（ＭＢＡ）を取得するため、米ハーバード大ビジネススクールに入った。

失敗で一人前

入学後、米国で優秀な経営者にユダヤ系が多い秘密を探ろうと、イスラエルを訪れた。

戦争と隣り合わせの中、同世代の若者が成功を夢見て国を飛び出し、挑戦を繰り返す。「夢は大きく持って、失敗してこそ一人前」。現地で言われたことに、がつんと殴られたような気がした。「考えても行動しなければ、私はずっと〝その他大勢〟のままだ」

米国に戻ると、イスラエル人の同級生と一緒に、日本人が描いたイラストのTシャツの販売を始めたが、準備不足や意見の対立に苦しみ、9カ月で頓挫。情けなさに涙が止まらなかった。

悔しさの中、大学時代に住んだ東京・吉祥寺の光景が目に浮かんだ。古い玩具店と最新のカフェが狭い路地に並ぶ。若者と高齢者の会話が自然に弾み、協力して町づくりを進める姿にひかれた。

「古さと新しさが共存し、そこからさらに新しいものを生み出す日本が好き。言葉や文化が違っても、その魅力を広く知ってもらう方法はあるはずだ」。ファッションのように日本の独自性が生かせるビジネスなら、日本の魅力を世界中にアピールできると思った。

日本人のセンス

「マテリアルワールド」は、ハーバードで同級生だった鄭と、お互いの起業案を批評し合う中で生まれた。矢野は思いついたらすぐ行動するが、鄭は論理的に戦略を練る。2人は意気投合した。

鄭も幼いころ、家族で中国から米国に移住。両親から常に「チャンスをつかめ」と言われた。

ブラジルや韓国系の人たちも仕事仲間だ。鄭は「目標は世界展開なので、社員の多様性は強みになる」と言う。矢野も希望を語る。「出品する日本人を増やせば、独特のおしゃれセンスが海外で注目されると思う」

米国で活躍するグラフィックデザイナーで、矢野が相談相手として頼る稲本零《いなもとれい》は「失敗しても軌道修正すればいい。幸せは自分でしかつくれない」と優しく見守る。

起業家は、作品を手づくりするアーティストだと矢野は思う。「どんな作品を生み出せるのか、可能性は無限にあると信じています」

日米の起業状況

起業について調査している一般財団法人ベンチャーエンタープライズセンター（VEC、東京）によると、2011年1〜12月の米国でのベンチャー向け投資額は前年比23％増の287億ドル（約2兆6900億円）。

米国の中でもニューヨークは、西海岸に代わる新たなハイテク産業集積地として脚光を浴びる。ブルームバーグ市長も、ベンチャー企業向けに家賃や電気料金を下げるなど起業支援に意欲的だ。

出資を募りやすく、他の経営者と交流する機会も豊富なため、起業家の人気は高い。

一方、日本は、11年4月から1年間の投資額は前年と同水準の1240億円。米国と単純比較すれば20分の1以下。VECは「少しずつ起業件数は増えているが、米国に比べ支援策は少なく、環境はまだ整っていない」と話している。

レストランシェフ

「段取り力」で信頼獲得

元料理五輪キャプテン厳しい立場をバネに

文・高橋　昭
写真・堀　誠

フライパンの中で炎は一瞬、青色を放った後、オレンジ色に変わり、牛ヒレ肉を包んで立ち上る。ステーキの仕上げに香り付けをするため、少量のブランデーを落とし、アルコールを一気に飛ばすフランベという作業だ。

グランドプリンスホテル京都（京都市・宝ケ池）のフレンチレストラン「ボーセジュール」で2年前からシェフ（料

ステーキを調理する三浦健史。香り付けのブランデーをかけると炎が立ち上った＝京都市左京区

理長）を務める三浦健史《みうらけんじ》（48）にとっては、難しい調理法ではないが、鍋を見つめる視線は鋭い。火加減を微妙にコントロールしながら、素早く鍋を振る。無駄な動きはない。

弟のため

北野天満宮に近い京都市上京区で育った。両親が共働きで三つ年下の弟と過ごす時間が長く、小学校の高学年になると、弟のためによく夕食を作ったのが、料理との最初の接点だ。

手の込んだ料理はできなかったが、スーパーで買ってきたレトルトパックのハンバーグにミックス野菜を盛りつけて、「あこがれの洋食店のメニューに似せた」。外食をすればまだ洋食が高根の花だった時代に、弟と2人の食卓を盛り上げるのが好きだった。「小学5年生の家庭科の授業では、料理になじんでいたので、キュウリの薄切りがダントツにうまくできました」

高校1年の成績は約40人のクラスで2番。友達は大学進学を勧めたが、高校ＯＢの誘いもあり、卒業後の１９８３年、京都で1、2を争う名門の地元ホテルに就職した。

皿洗い、タマネギのみじん切りやスライス、包丁の持ち方と、基本をたたき込まれた。先輩の指導は厳しく「自分では気付いていないけどミスばかりだったと思う」。仕事を与えられず、職場の隅で立たされていたこともあった。

砂のオムレツ

ホテルの朝食担当だった時代には、オムレツをうまく巻けず悔しい思いをした。職場から帰宅途中に鉄のフライパンを買い、自宅で卵の代わりに砂をフライパンに載せて、オムレツを巻く手の動きを練習した。

入社から2年後の20歳のころ、周りから信頼されるようになっていく。先輩が10枚以上の肉を焼くとき、三浦はフライパン、ヘラ、バットなどの調理器具を手際よく準備し、評価された。「段取りのミウラ」が頭角を現した。

92年に西武グループの滋賀県大津市にある大津プリンスホテルに転じた。初めての転職は「おまえはまだまだ（未熟）だと、たしなめてくれる人がいなくなった」からだという。厳しい立場に身を置き、それをバネに成長していく形が合っていると自己分析する。

大津プリンスのレストランは全く雰囲気が違っていた。5、6人で切り盛りする家庭的な職場から、関東など全国から集まった15、16人が競い合う大所帯に移り、コミュニケーションの取り方を含め仕事の流儀は別世界に見えた。

「仕事は速いし料理の仕上がりもきれいだった。自分の存在感を実感できるのに約1年半かかりました」

三浦健史が獲得したメダルの数々と亡き師匠の形見のナイフ。料理五輪では「力を貸してください」とこのナイフを使った

だが、当時の上司で、今はグランドプリンスホテル京都の宴会料理シェフ小山幸広《こやまゆきひろ》(56)は、「できる仕事があれば回してください」と請われ、「仕事に前向きのこいつは(他の連中とは)違う」と強い印象を持った。職場の同僚は徐々に三浦の「段取り力」に一目置くようになっていった。実直で熱い人柄も仕事を後押しした。

コンクール

大津に来て4年後の96

年、三浦は全国のプリンスホテル料理コンクールで優勝。これを契機に各種コンクールに挑む。

２０１２年には、ドイツで開かれた料理競技大会の最高峰「第23回世界料理オリンピック」に日本代表チーム６人のキャプテンとして出場。日本は西洋料理の味付けや技術を競う主要２種目で銀、銅メダルを獲得した。

競技に必要な生鮮食材を欧州勢は自国から持ち込んで万全を期す。日本チームはドイツでの調達を余儀なくされたり、調理機器が欧州仕様のため不慣れで使いこなせなかったりと、ハンディが大きい中で優勝争い。特に組織的な調理作業、厨房《ちゅうぼう》や冷蔵庫の衛生面で非常に高く評価された。三浦の「段取り力」が貢献した。

小山は「後継者づくりが三浦の課題」と言い切るが、本人には次の挑戦が視野に入っている。

レストランでは、客2～4人に最適な状態で料理を出せるよう準備をする。三浦は今、「40人でも同じことをしたい」と考えている。そのためには食材を加熱する温度や塩加減の見極めが重要だ。「限られた人員と調理器具を動かす組織の采配にも魅力を感じています」。段取り力を武器にチャレンジが続く。

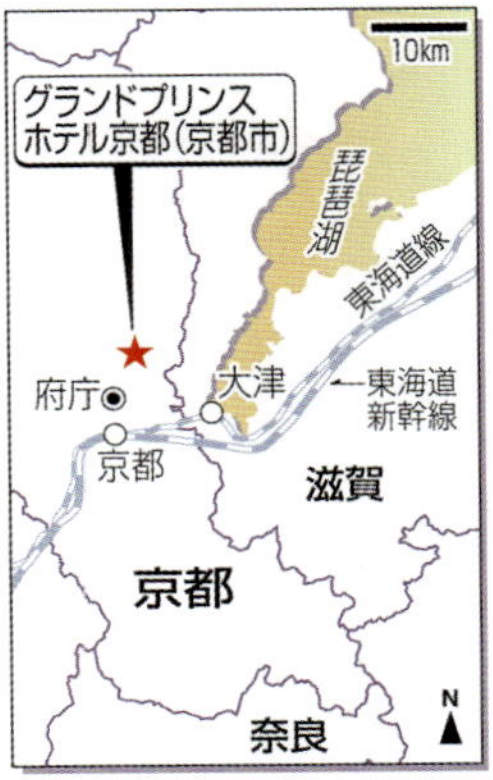

サービス担当と二人三脚

料理作りを業務とするシェフは、テーブルに料理を運んで接客するサービス担当のスタッフと二人三脚の関係にある。

サービス担当は客に料理の内容を説明し、ランチやディナーを楽しんでもらう。客の反応をシェフに伝え、料理やサービスに生かし、リピーターを増やすビジネス戦略にも一役買う。

「ボーセジュール」のサービス担当は「三浦健史シェフはオーナーシェフのような完結型」と評価する。ホテルのレストランでは役割が区切られ分担がはっきりしがちだが「三浦さんは料理を作るだけではなく、客の反応とサービス担当がどう答えたかまでぐっと踏み込んで聞いてくれる」。

料理担当とサービス担当が互いの業務を顧みてさらに充実させるには、高いレベルでの意思疎通と課題共有が重要だ。

スタイリスト

装いの力を信じて

女性たちを励ましたい組み合わせのマジック

文・三好典子
写真・有吉叔裕

東京・伊勢丹新宿本店、婦人服売り場の一角にある特別試着室。スタイリストの石田純子《いしだじゅんこ》(57)に薦められるままに、東京都の主婦、佐藤由佳《さとうゆか》(45)が、着替え始めた。

上品な紺と白のワンピースを脱ぎ、着古したような風合いのジーンズの上に、ヒョウ柄のカーディガンを羽織る。足元はひもで編み上げた黒い革の短いブーツ。「すてき!でもこういうのは着たことがなくて……」。鏡に映る自分を、佐藤は少し不安げに見つめる。

その姿に目が慣れたころ、従順な妻そのものの佐藤に、強い意志を持つ女の顔が浮かんできた。まるで魔法にかかったかのように。傍らで石田が満足げにほほ笑む。

変身願望

佐藤が受けたのは、伊勢丹で年に数回、開催される石田の「パーソナルコンサルティングサービス」。「今年の秋冬ものをそろえたい」といった希望をもとに、石田が服のほか帽子や靴、バッグ、アクセサリーを店内で選んで借り受け、試着室に持ち込んでコーディネートする。費用は約1時間半で1万5000円。試着した衣類は購入可能だが、フリーのスタイリストである石田はあくまでもコンサルティングのみで、販売には関わらない。

2回目という佐藤が最初に申し込んだのは、中学3年の娘の「お母さんは地味」のひと言がきっかけ。「服は黒や茶、紺ばかり。無難ならいいと思っていた。変わりたかった」

東京・新宿の百貨店で顧客の佐藤由佳（左）に数え切れない服の中から"お薦め"を着せる石田純子（手前右）。「かわいい！」と笑顔がはじけた

石田純子の事務所の隣にある服の保管部屋。事務所と合わせれば数千着になる。メーカーから服を借りられない場合に備えストックは必要だという＝東京都渋谷区

と振り返る。

1回目に、佐藤は、たっぷりとした袖のブラウスや、華やかなピンクのカーディガンなどを購入した。「会う人ごとに褒められた。石田さんが薦めるのは、自分では絶対に選ばない服。必ず、新しい自分に出会える。わくわくする」

明確な理論

伊勢丹が、石田によるサービスを始めたのは10年ほど前。近年、他の百貨店やスタイリストも同様のサービスを始めたが、婦人営業部セールスマネジャーの樫渕麻衣子《かしぶちまいこ》(37)によると「当初は婦人服売り場の一部の取り組みだった」という。

しかし、石田が伊勢丹の婦人服販売員向けに行った研修内容を書籍化した「大人の着こなしバイブル」(主婦の友社)などのヒットと相まって、口コミで人気が広がり、40~50代で首都圏在住の女性を中心に、このサービスを受けた人は延べ５００人を超えた。電話予約は、受付時刻から常に数分で枠がいっぱいに。

1人当たりの売上金額は30万円前後。１００万円を超えることもある。だが、似合わなければ、石田は決して薦めないし、サイズの在庫がない場合はライバル百貨店を紹介することもある。

「そこに説得力がある」とみるのは、石田の本の担当編集者、浅野信子《あさののぶこ》(52)。「明確で一貫したスタイリング理論があり、似合う、似合わないの理由も分かりやすく言葉にしてくれる。安価な商品を使い、おしゃれに見せることもできる。感覚だけでは納得せず、堅実に暮らす生真面目な大人世代の女性の気持ちにすとんと落ちるのだと思う」と説明する。

自己表現

普通に暮らす女性へのスタイリングアドバイスは今や石田のライフワークの一つだ。それも「相談者の殻を壊し、新しい自分の魅力に気付いてもらうこと」を旨とする。

洋服をチェックして歩くとき、石田の顔は獲物を追うハンターのような鋭さを帯びる。もとは他のスタイリスト同

様、女優やファッション雑誌のみを手掛けていた。「感覚が勝負の仕事だから、何歳まで続けられるだろうか」と不安を感じた時期もあった。転機になったのは30代での出産だ。

長男が通った保育園で知り合ったママ友の多くが、仕事に家事、育児に多忙を極め、自分の外見は二の次、三の次になっているように見えた。「ショックでした。おしゃれは自己表現で、生き方そのものと信じ、一生の仕事と思ってきたから」

女性は母になると、女としての自分の時間をぱたりと止める。その後、子育てが一段落しても「太ったり年をとったりするとおしゃれは無理」などと諦めてしまう。「そんな彼女らに、装うことの楽しみ、自信を取り戻してほしかった」

それから20年。今も第一線のスタイリストであり続け、担当編集者らが「石田マジック」と呼ぶコーディネート力で、女性を励ます。

春にコンサルティングサービスで夏服をそろえた茨城県の60代の女性から、秋になって手紙が届いた。「たくさんの人に褒められた。こんなに楽しい夏はこれまでなかった」と書かれていた。

「女性はいくつになっても変わることができる。服に力をもらって自信を得る人の姿から、私も力をもらうのです」

大人向けおしゃれ指南本

出版科学研究所（東京）の久《く》保《ぼ》雅暖《まさはる》研究員によると、ここ数年の傾向として「大人の女性向けのおしゃれ指南本」というジャンルが脚光を浴び、専用のコーナーを構える書店も増えた。

流行を追いかけるファッションは、かつては雑誌が扱うテーマ。被服学など専門的な内容でない限り、書籍化されることは少なかった。

だが現在の40代以上の女性は、母親たちの世代に比べ、ファッションへの関心は非常に高い。一方で、雑誌的なスピード感で流行を追う行動は取らなくなっている。

「その結果が書籍人気では」と久保研究員。「センス良くファッショナブルに装う方法論をきちんと押さえた上で、流行も取り入れていきたいということではないでしょうか。市場の拡大は、今しばらく続くでしょう」

信用組合支店長

喜びは融資の獲得

文・高橋　昭
写真・堀　誠

「がんぼ」な男の天職 徹底して足で稼ぐ

赤、青、黄色のカラフルなのぼりを作る高性能の染色機械が並ぶ。広島市安佐南区の旗・幕製造会社と工場。広島市信用組合（通称・シシンヨー）の堺町支店長、河手英明《かわてひであき》（52）にとって、ここは三指に入る得意先だ。

スピード

シシンヨーは同社と約30年の付き合いがあり、月に1度必ず顔を出し、経営者の会長らと意見交換する。最近は数千万円の融資を実行した。

「融資が（取れると）何よりもうれしい」と河手は目を輝かせる。ある銀行が融資判断に1週間かけるところを、要望を聞くとすぐ、本店に電話を入れ決裁を仰いだ。翌日、口座には全額が振り込まれていた。

同社幹部は「フットワークの良さとスピードが他の金融機関と全く違う」と言う。旗・幕の市場自体は大きくはないが、最新鋭設備による高品質の商品と、スピード納品が評判になり、国内有数の企業に成長した。会長は「シシンヨーに大きくしてもらった」と言い切る。

任されている堺町支店は、全34店舗の中で2番目に大きい。２０１１年に着任して以降、預金、融資ともに毎年着実に伸びている。

「何度も足を運ぶ。半分のお客さんには好いてもらい、半分には嫌われないように」と努めてきた。細面で優しさ

得意先会社の会長の話を聞く河手英明＝広島市安佐南区

がにじむ風貌だが、実直な金融マンというより、信念を通す営業マンという方がはまる。評価は同期十数人でトップクラスだ。

シシンヨーの理事長山本明弘《やまもとあきひろ》(67)は、河手を「がんぼったれ」と呼ぶ。「がんぼ」とは広島弁で「わんぱく、いたずらっ子」の意味だ。

河手自身も「けんかっ早かった」と振り返る。広島県立廿日市高校から広島経済大に進み「勉強嫌い」で大学4年まで野球に没頭した。

薫陶

「苦労を掛けた親の元を離れられない」とシシンヨーに入ったが、友人、知人は、河手が金融の世界に入るとは夢にも思わなかった。友人の一人は「おまえのような半端者が似合わん」と冷やかした。

広島市で金融関係の仕事をする、高校時代の同級生坂本直樹《さかもとなおき》(52)は、「当時は、大丈夫かなと心配した」。ここ何年も会っていないが「金融はコミュニケーション能力が大切。野球でそれが鍛えられたのでは」と級友の活躍を

広島市信用組合の早朝役員会。理事長の山本明弘（右端）がすべての書類に目を通す＝広島市中区

分析する。

仕事に関する最初の転機は入社して約10年、32歳で訪れた。普段出入りしている取引先企業の幹部が、20億円を5年の定期預金で預けてくれた。

お礼に行った上司に、預金をした企業の幹部は「私は河手さんと取引をしている」。仕事ぶりが信頼された結果だった。「真面目にやってきて良かった」と心底思った。

2度目の転機は理事長の山本が本店営業部長時代に、配下で薫陶を受けたことだ。河手が外回りで取ってきた融資案件に対し、上司が相次ぎ「安い金利で融資はやれん」などと難色を示した。

山本は「金利はなんぼでもいい、1％より低くてもいい。おまえらこそ中（本店）におらんで、汗をかいて融資を取ってこい」とたしなめた。

妻秀美《ひでみ》(51)は「帰宅が遅い夫の行動を理解できず、ぶつかることもあった」と回想するが、今では「夫の仕事は天職」と確信している。

まんじゅう

投資信託は売らない。「とにかく預金・貸金の本来業務一本でいく」が山本の信条。融資判断に最長3日間で決着をつけるというビジネスモデルを確立した。

このため、役員会は本店で毎日、午前6時45分から開く。前日までの業績が報告され、融資案件などを精査し決定する。山本は時折、強い口調で指示を出す。「銀行にできない小回りを利かし、お客さんを本店からも支店からも回る。

重層管理が重要なんだ」

シシンヨーは株主総会に当たる総代会の終了後、6～7月にかけて各職員が顧客を回ってタオルを配り、1年間の感謝の気持ちを伝える。訪問先は1万2千軒を超える。さらに、業績や財務内容を記した冊子と高級まんじゅうを持ってもう一度回り、説明する徹底ぶりだ。

一貫した現場主義で融資を追求する姿を見て育った河手は「山本学校の生徒」を自任する。「理事長がトップに就いてからシシンヨーの業績は右肩上がりが続くが、世代交代で『学校』の生徒も少なくなった」。目に見えない大きな課題だ。

山本は若い職員に向けこう話す。「融資大好き人間になってほしい。その楽しさと苦しさ、喜びを知ってほしい」

堺町支店の支店長代理、米崎健太《よねさきけんた》(28)は「シシンヨーと支店の看板を背負っている」と自覚し、営業に走り回る。河手の背中を追う世代の挑戦は始まっている。

容易でない融資先開拓

地域を営業エリアとする地方銀行や第二地銀、信用金庫、信用組合などの金融機関は、中小、零細企業向け融資が得意分野だが、大企業の下請け企業の海外移転や地方経済の疲弊から、融資先の開拓は容易ではなくなった。

2013年3月末で、預金に対する貸出金の比率を示す預貸率、つまり預金がどれだけ融資の形で投資されているかの割合は、157の信用組合平均で約52%だった。

広島市信用組合は、預金を受け入れて企業などに融資し、利ざやを稼ぐ金融機関のオーソドックスなビジネスにこだわり、預貸率は約89%と大手銀行を上回る。

信組で唯一、格付け会社の格付けも取得して経営の信頼性も高めており、同信組の動向は、全国の地域金融機関から注目されている。

第8章

大震災と原発事故

原発作業員／ＩＴ拠点経営者／酒蔵の経営者／
弁護士／政策投資銀行員／助産師

原発作業員

旧騎西高校で避難生活を続ける大川一男。今も約150人が暮らし、窓には布団が干されていた＝埼玉県加須市

二度と原発で働かない

文・西村　誠
写真・堀　誠
中村靖治

事故直後、命懸けの作業
避難所から踏み出す決心

原発作業員として20年以上も働いた〝職場〟は、無残な姿に変わり果てていた――。

東日本大震災発生から1カ月もたたない2011年4月6日。余震が続く中、東京電力福島第1原発に入った大川一男《おおかわかずお》(57)は目の前の光景に息をのむ。水素爆発で壁が吹き飛んだ原子炉建屋は鉄骨むき出しで、分厚いコンクリート片が足元に転がっていた。「こんなに、もろかったとは……」

線量を食う

地震が起きた3月11日。原発から3キロの福島県双葉町の自宅は激しく揺れ、家具が倒れて食器が散乱した。翌日、町内放送で原発の放射能漏れを知り、二人暮らしの妻と共に福島県川俣町に避難。さらに、さいたまスーパーアリーナを経て3月末、双葉町の避難先になった埼玉県加須市の旧騎西高校に落ち着いた。

間もなく、原発作業請負会社の元上司から復旧作業を手伝ってほしいと、連絡が入る。「お世話になった人なので、行きましょうと答えたが、命懸けになると思った」

原発で働くのは4日間。水素爆発した4号機に隣接する建物での作業だった。原子炉や燃料などを冷却した水がこの建物にたまっていた。熱せられた水は水蒸気となって建物に充満するので、外に逃がす穴を天井付近に開けるのが仕事だ。

建物の屋上には、原子炉建屋の壁の破片が飛び散っていた。現場の責任者から「放射線量が高いので、散らばった物に近寄らないように」と言われたが、作業のためには避けて通れない。線量計のアラームが「ピ、ピ、ピ……」と、鳴り続けた。

防護服を二重に着て、顔はマスクで覆った。じっとりと汗ばんだのは暑さのせいだけではない。

「作業は1日2時間と短かったが、一刻でも早く仕事を終えたかった。線量を食いたく（増やしたく）なかったから。爆弾を抱えているような気持ちだった」

日当は普段より5千円高い約2万円。「危険だから、もっともらえると思った」。4日間で被ばく線量は16ミリシーベルトに達した。一般人の年間被ばく線量限度は1ミリシーベルト、原発作業員も通常は年間50ミリシーベルトが限度なので、いかに放射線量の高い現場で働いたかが分かる。

安全を過信

福島県浪江町生まれ。地元の高校卒業後、父親の仕事の関係で埼玉県に転居し、大工になった。

原発作業員

東京電力福島第１原発事故の対応拠点となっている「Ｊヴィレッジ」を出る防護服姿の原発作業員＝福島県楢葉町

収入は良く、20代のころ、浪江町で居酒屋を経営していたこともある。その後、知り合った原発作業請負会社の関係者に誘われ、作業員として働くように。「違う仕事もやってみたいな」と、軽い気持ちだった。

定期検査の度に原発に入った。大工の経験を生かし空調用機材を載せる台を作る仕事が多かった。福島だけでなく、柏崎刈羽（新潟県）、女川（宮城県）、浜岡（静岡県）の各原発でも働いた。

大川が知る中で、使用済み燃料プールの洗浄作業は被ばく線量が高く危険だった。「燃料プールに落ちたら、それで一巻の終わり。だからプールの周囲で仕事をする人を見るのは、怖かった」

大川の被ばく線量は当時、年間2～3ミリシーベルト。防護服とマスクを着けて入る危険区域の仕事でも1回0・25ミリシーベルトなので安心していた。放射線を遮断する分厚いコンクリートの壁を見て、いつしか「原発は安全なものだ」と思うようになっていた。

帰れない

旧騎西高校での避難生活は、もう2年

近い。双葉町民たちは一つの教室に数世帯ずつ集まり、身を寄せ合っている。寝起きしている教室に仕切りはない。電熱器で湯を沸かし、ラーメンを作る日々。かつて千人以上が暮らしていたが、今は約１５０人だ。

大川は、共に暮らす高齢者のために活動する。12年秋、三食無料で配られていた弁当が有料化されることになった際には、国会議員に連絡した。弁当代で年金がなくなるのを防ぐためだ。「でも、国会が解散するとかしないとかで上の空。俺たちの訴えなんか、煙のように消えてしまった」

原発事故の賠償金を受け取っているが、先行きは不安だ。雇う側が避難所暮らしを嫌い、仕事が決まらない。逆に仕事が決まらないので、避難所を出る勇気も出てこない。悪循環に陥っている。

双葉町に帰る見通しが立たない中、採用面接で「帰る気はない」という言葉が口をついて出た。面接担当者が畳み掛けた。「では、なぜ避難所に残っているのですか」。このときから、借りる部屋を真剣に探し、仕事を見つけて新たな一歩を踏み出そうと決心した。

大川は、原発作業員の日々を振り返る。「原発で働いたので、今まで暮らしてこられた。それは本当にありがたい」。だが、原発事故の惨状を目の当たりにして今は思う。「もう、二度と原発で働きたくはない」

被ばく線量の限度

厚生労働省は、原発で働く作業員の被ばく線量限度を、通常時は「5年間で100ミリシーベルトかつ年間で50ミリシーベルト」、事故などの緊急時は「年間100ミリシーベルト」と定めている。

東京電力福島第１原発事故の直後は、現場の放射線量が高かったため、緊急時の限度を250ミリシーベルトまで引き上げ、2011年12月に、原則として現在の基準に戻した。

累積の被ばく線量が限度を超え、経験を積んだベテランの作業員が現場を離れるケースが相次いだ。被ばく線量を少なく見せて作業を続けようとして、作業員の線量計を鉛カバーで覆った不正行為も発覚している。

今後、福島第１原発のほか、活断層が見つかった原発などで廃炉に向けた作業が増える可能性があるが、原発作業員を確保できるかどうか大きな問題になりそうだ。

IT拠点経営者

廃校を先端のIT拠点に

福島県・会津で米国人地域再生の足掛かり

文・深谷優子
写真・堀　誠

「将来は全国200カ所まで展開したい」と流ちょうな日本語で話す。少子化で年々増える廃校を時代の先端のIT拠点に生まれ変わらせて雇用を創出し、地域社会をよみがえらせようと奮闘している。

福島県・会津盆地の南に位置する会津美里町。NHK大河ドラマ「八重の桜」人気で沸いた会津若松市からJRでわずか20分ほどなのに、喧騒《けんそう》からは程遠い。雪が積もった田畑の先の集落に、3年前に閉校した旧赤沢小学校がある。二宮金次郎の銅像や校舎、体育館は児童らが通った当時のまま。米国人のカール・サンドバーグ(54)は、ここでIT企業を立ち上げ、約30人を雇っている。

ソフトウエアやデータをネットワーク経由で利用する「クラウドコンピューティング」の拠点となるデータセンターの第1号。

山のIT教室

父親の転勤に伴い11歳で来日し、都内のアメリカンスクールに通った後、米国の大学を卒業した。旧文部省の英語指導助手として福島県に派遣され、4年間、県内の中学校をくまなく巡った。

20代後半で日本人と結婚、外資系証券会社や銀行などのシステム部門を渡り歩き、東京やニューヨークなどで働いた。数千万円の年収を得て高級な住宅に住んだが、次第に金融業界の体質に疑問を覚え始めた。

スタッフが開発したソフトをみて「すごーい」とカール・サンドバーグ（中央）。
廃校の教室を利用した部屋にはむき出しの空冷サーバーが並ぶ
＝福島県会津美里町

雪が積もった校庭でスタッフと写真に納まるカール・サンドバーグ（前列左から４人目）＝福島県会津美里町

さらに、コンピューター社会の恩恵を受けていない地方の人が気になった。かつて働いた福島県には廃校がたくさんある。これらを活用して地元の人のためのパソコン教室を開こうと、県内の市町村長を訪ね歩いた。

「前例がない」と約20の自治体で断られ続けた末、出会ったのが会津美里町の渡部英敏《わたなべひでとし》町長(72)だ。閉校する小学校の利用法を模索していた。

サンドバーグは２００２年のクリスマス、愛用の籠を背負って町にやってきた。人懐っこい姿から一転、廃校の利用構想をつばを飛ばして熱く語る。「彼に任せよう」と渡部は即断した。

翌03年、「山のＩＴ教室」をボランティアで始めた。証券会社を辞め次の職に就くまでの約半年間、通い詰めた。

大震災

08年に別の証券会社を辞めた後、大型バイクで米国を横断。貧しい生活を送る先住民やベトナム戦争時の反戦運動家らと出会い「本当に社会に貢献できる会社をつくろう」と決めた。廃校をデータセンターにするアイデアを思い付き、10年に「スマートテクノロジー」を設立した。

渡部の協力で町議会の承認も得て11年2月、旧赤沢小を3年間の約束で、無償で借り受けた。

その1カ月後、東日本大震災が発生する。

会津地方は、福島県内では放射線量が低い。「避難者を受け入れてほしい」。渡部の要望で、多い時には約５００人が旧赤沢小で生活した。避難者が仮設住宅に移る11年夏まで会社の立ち上げは中断したが、サンドバーグは「かえって目指すビジョンがはっきりした」と振り返る。

東日本大震災では、保管していた住民情報などがコンピューターごと津波で流され失われた。「遠隔地のセンターにデータを預けておけば速やかに復旧できる」と、震災後は自治体などでクラウド導入が進みつつある。

ただ人件費や家賃の高い日本は国際競争力が低く、海外のデータセンターに頼っているのが実情。新たな施設を造らず廃校を活用することで初期投資を減らし、地元の人を雇用する。海外との競争力を高めながら地域を再生させるという、一石二鳥の構想だ。

教室を改造してコンピューター基板「マザーボード」を天井からぶら下げる方式も考案。自然の風による空冷式でさらなるコスト削減を目指す。

地方から発信

原発事故の避難者に元農家、シングルマザーに元ダンサー……。社員の年齢や経歴はさまざま。社内は自由な雰囲気で満ちており、パジャマ姿で出社する人までいる。

12年12月から働く女性（35）は高校卒業後、ダンスを勉強するため東京とニューヨークに住んだ。5年前、故郷の会津若松市に戻り、米国で身に付けた語学力を生かして通訳をしていたが、サンドバーグの描くビジョンに共感して転職した。

「友人や親戚は仕事がなくて困っている。社長の構想が実現すれば、会津も変わるはずです」

地元の期待も大きい。近所に住むホームヘルパーの古川《ふるかわ》真知子《まちこ》（54）は「この辺りは高齢化が進んで寂しくなるばかり。夜に電灯がついていると安心する」と歓迎する。

「地域で誇りを持って働ける、持続可能な事業モデルをここから発信したい」とサンドバーグ。支援を広げようと今日も飛び回る。

毎年500校が廃校に

少子化を背景に毎年、全国で500校前後の小中高校が廃校になっており、施設の有効活用は大きな課題だ。

文部科学省によると2002～11年度までの廃校数は4709校。12年5月現在で建物が現存する4222校のうち、約1000校は利用計画が決まっていない。自治体へのアンケートで、計画がない理由（複数回答）は、「地域からの要望がない」が44%、「建物の老朽化」が39%だった。

校舎が残される場合は、公民館やスポーツセンターとして利用されることが多い。企業が生ハム工場やトラフグの養殖施設などに生まれ変わらせた例もある。文科省はホームページで成功事例や全国の廃校情報を掲載。国の補助制度も紹介しているが、「対応は自治体によって温度差がある」（担当者）という。

酒蔵の経営者

土砂崩れ、震災を克服

幻のコメでブーム呼ぶ「誠実」を胸に仕込み

文・吉川純代
写真・堀　誠

「うん。なかなかいいな」。新潟県長岡市の日本料理店で、久須美《くすみ》記廸《のりみち》（66）が自身の酒蔵、久須美酒造（同市）が15年ほど前から造っている「七代目」を飲み、ぽつりと言う。隣に座る息子の賢和《よしたか》（42）は神妙な面持ちで一礼した後、杯を口に運んだ。

2012年末、賢和が、1833年から続く同酒造の

蔵の前に広がる田んぼに実った「亀の尾」を手に取る久須美記廸（右）と賢和＝新潟県長岡市

7代目の社長に就任。6代目の記廸は、43年間の蔵元人生に一区切りをつけた。

神奈川県の川尻村（現相模原市）の村長の四男として生まれた記廸が、妻慧美子《えみこ》（67）と結婚して酒造りの道に入ったのは1970年。慧美子は久須美酒造の3姉妹の長姉で、東洋大の1学年上の先輩だった。「友人から、造り酒屋は資産家だからあまり働かなくてもいいと言われ、婿入りを決めた」と笑う。

全壊

記廸は81年、幻のコメ「亀の尾」を復活させた。背が高くて倒れやすく病害虫にも弱いため、52年ごろに姿を消した品種。農林水産省が保管していた種もみ1500粒をもらい受け、大切に育てた。

このエピソードが漫画「夏子の酒」に描かれ、94年にテレビドラマ化されると一躍〝時の人〟に。90年代の地酒ブームをけん引した。亀の尾で仕込んだ酒は一時、小売店で10倍以上の値段が付くほどになった。

ブームが一段落した後、ここ10年ほどの酒蔵経営は「災害との闘いだった」と言う。2004年7月13日、前日から降り続いた豪雨で蔵は浸水。裏山からは泥水が噴き出ていた。社員を避難させた30分後、土砂崩れで蔵は完全に押しつぶされた。間もなく2回目の土砂崩れが起きて木や土が蔵に流入、押されたタンクが蔵の壁を突き破った。

補強工事をして例年より2週間遅い10月16日に酒造りを始めたが、1週間後の23日、今度は新潟県中越地震に見舞われる。「災害に負けないでね」と最期に言い残した母トクの葬儀翌日だった。

豪雨と地震で蔵2棟とタンク20基が全壊し、年間売り上げを超える5億円相当の酒を失った。記廸は押しつぶされた蔵の跡地を指さして言う。「その土の下に酒が2千本くらい眠ったままです」

さらに07年7月16日には新潟県中越沖地震に襲われ、蔵や事務所が再び損壊。東日本大震災の被害は免れたが、東京電力福島第1原発事故による酒造り用の地下水や貯蔵酒の汚染を懸念した。「放射性物質が検出されたら廃業する」と覚悟を決め、福岡県の専門機関に検査を依頼。4月初め

「検出せず」の結果が届き、胸をなで下ろした。

「還暦で一線を退くつもりだったが、災害が続いて復旧のめどが立つまでは代替わりできないと思った。やっと落ち着きました」。賢和に目をやりながら、穏やかな笑顔を浮かべた。

10月からの酒造りに向け、道具を熱湯で消毒する＝新潟県長岡市

没頭

記廸が久須美酒造に入ったころ、日本酒の国内消費量はピークに達していた。何もしなくても売れる時代。目にしたのは経営努力をしない地方の酒蔵の姿だった。

　将来に不安を覚えた記廸は、会社のワゴン車に試飲用の酒を積み込み、新婚旅行を兼ねて慧美子と共に首都圏の酒屋や飲食店を回った。新潟から往復する生活を続け、5年間で首都圏に75軒の得意先を開拓した。

「睡眠時間は1日3時間。周りからは『実家に帰りたいだけだ』と冷ややかな目を向けられました」。自分のやり方が間違っていると分かったらすぐに辞めようと、常に辞表を持ち歩いていた。

「夏子の酒」をきっかけに久須美酒造の売り上げが飛躍的に伸びても、「ブームは4、5年で終わる」と冷静だった。「誠実に勝る知恵はなし」が座右の銘。「夏子の蔵」としてキャラクターグッズ制作の話が舞い込んでも見向きもせず、ひたすら酒造りに没頭した。

伝統

若者のアルコール離れや焼酎ブームに押され、日本酒の消費量は右肩下がりだ。国内消費量は現在、ピーク時の半分以下だが、自身の代で酒蔵をやめるつもりはなかった。「酒造りはその土地のコメと水と人情そのもの。自然に寄り添った形で地域雇用や文化伝承に貢献できますから」

夏は地元農家ら11人がコメを作り、冬は蔵人9人が酒を仕込む。73歳の杜氏《とうじ》を中心に、コメを蒸したり、こうじを造ったりする技術を若い蔵人に教えながら、伝統を継承している。創業当時から変わらない光景だ。

10月からの酒造りに向け準備が進み、蔵の前に広がる8㌶の田んぼには、亀の尾が黄金色の稲穂を垂れている。

「手を抜かず、やるべきことを淡々とやり、社会に貢献できる酒造りを続けていきたい」。記廸は稲田に立ち、亀の尾を手に取って力強く言った。

日本酒の消費量

財務省などによると、日本酒の国内消費量は1973年度の約142万㌔㍑をピークに下がり続け、2010年度には約59万㌔㍑まで落ち込んだ。アルコール飲料に占める割合は、リットル換算で7.6％とウイスキー、ワインに次いで低く、特に20～30代で日本酒離れが進んでいる。

新潟県の日本酒出荷価格は00年時点で全国1位だったが、09年には9位に後退した。県酒造組合は毎年3月に新潟市で開催する地酒の試飲イベント「酒の陣」などで消費拡大を狙うが、東日本大震災の影響などもあり低迷が続いている。

一方、海外での日本食ブームを背景に輸出量は増加し、12年の日本全体の日本酒輸出量は約1万4130㌔㍑と過去最高。新潟県も12年度の輸出量は前年比17.3％増の約1375㌔㍑と過去最高だった。

弁護士

「原発事故は最悪の公害」

賠償求め怒りの奔走 仲間に押された背中

文と写真・有吉叔裕

老人も幼子も男も女も、ぼうぜんとたたずんでいる。2011年3月の東京電力福島第1原発事故後、避難所となった東京都足立区の東京武道館。ふるさと福島を追われた被災者の姿は、弁護士になって半世紀近い小野寺利孝《おのでらとしたか》(72)が初めて見る光景だった。「何の落ち度もないのに」と怒りがこみ上げた。

「この原発事故は最悪、最大の公害」。公害訴訟にも関わった小野寺はそう直感した。福島県いわき市出身。被災者の力になりたいと考えたが古希を過ぎ、想像を絶する被害の実相に、一歩を踏み出せずにいた。

盟友

小野寺の背中を押したのは、常磐じん肺訴訟で共に闘った弁護士広田次男《ひろたつぐお》(67)だった。

いわき市に事務所を構える広田は「地元弁護士としてこの賠償請求をやらずして……」と闘志を燃やしていた。事務所を訪ねて来た小野寺に迷いを感じ取り、福島県楢葉町から避難している住職早川篤雄《はやかわとくお》(73)といわき市在住の元県議伊東達也《いとうたつや》(71)を引き合わせた。

2人は以前から、津波や地震による原発の冷却機能喪失の危険性を東京電力に再三指摘。「危惧した通りの事故。悔しい。力を貸してほしい」と口をそろえた。小野寺の腹は固まった。

小野寺は仲間を集め弁護団を組織。避難所や仮設住宅を訪ね、被災者からの聞き取りを重ねた。「怒りはすさまじく、

福島県双葉郡で現地調査する防護服姿の小野寺利孝（右端）。
「被災者が再出発できる賠償を」と語る

東京の集会で避難者の実態を訴える金井直子（中央）。「子どもたちのために本当の安全と安心を！」。避難者は現在でも約 15 万人にのぼる

どこにぶつけていいのか分からないようだった」

楢葉町などに若手弁護士らと入り、防護服姿で何度も現地調査した。人の姿だけがない新緑の風景。線量計の針が振れ、そこにあるわが家に帰れない無念が胸に迫った。

そうした準備を進め、いわき市などで避難生活を送る住民が12年12月、東電に損害賠償を求め福島地裁いわき支部に提訴し、原告はこれまでに２００人を超えた。13年３月には、いわき市民８００人余りが国と東電に対し、廃炉までの慰謝料支払いなどを求め、同支部に訴訟を起こした。

早川と伊東がそれぞれの原告団長。小野寺は広田と共に弁護団の共同代表を務める。

「あやまれ、つぐなえ、なくせ！」をスローガンに、加害責任を明らかにし、謝罪と再発防止を要求する。

貧困と格差

小野寺は常磐炭田の炭鉱長屋で育った。炭鉱労働者だった父は肺を患い解雇され、高校の時に両親が離婚した。進学を諦め東京で就職しようとしたが、母子家庭を理由に門前払い。やっと入った地元企業にもなじめず、退職して働きながら大学で学ぶ道を選択した。

貧困と格差を身をもって知る小野寺。「人の痛みに冷酷な国家、社会を変革したい」と、大学４年で司法試験に合格、１９６７年に弁護士に。

小野寺は13年１月、東京弁護士会人権賞を受賞。訴訟を通じて行政に働きかけ、弱者救済を図ったことが評価された。

その原点は70年代初め、新人時代に携わったカドミウム汚染の安中公害訴訟。もう一つは、東京都内のどぶ川で子供を亡くした両親が区の責任を追及した訴訟だ。

どぶ川の事故では当時、親が監護責任を問われ、警察の取り調べを受けていた時代だったといい、「区は危険を放

置し、親に責任を転嫁した」と当事者から相談を受けたのがきっかけだ。

「一人では何もできない」と、若手の仲間と弁護団を組織して調査。どぶ川にはごみの山が浮かび、柵もふたもなく危険な状態であり、ほかにも子供が犠牲になっていることが分かった。

東京地裁の判決では、行政の安全管理責任が問われ、親が被害者と認められた。賠償額は当時の交通事故の最高額と同じで、過失相殺ゼロの完勝。行政は謝罪し、転落防止策を講じた。

「一人の被害者の背後にいる多くの被害者を掘り起こし、社会構造を変革する。当時は言葉すら無かった『政策形成訴訟』の原型というべき活動だった」と振り返る。

真の文明

「原告も裁判の中で成長する」と小野寺は言う。楢葉町からいわき市に避難した金井直子《かないなおこ》(47)は「東電から提示された自宅の賠償額は、残債1700万円の半額にもならない720万円。加害者が一方的に決める賠償に疑問を抱いた」と避難者訴訟に加わり、原告団事務局長を務める。

「これほど実績がある弁護士が金もうけではなく、信念と正義によって、被災者のために頑張ってくれることに心を動かされた」と金井。

足尾銅山の鉱毒事件と闘った田中正造《たなかしょうぞう》を、小野寺は尊敬してやまない。「真の文明は　山を荒らさず　川を荒らさず　村を破らず　人を殺さざるべし」。先人の言葉をあらためてかみしめている。

原発事故の賠償

東京電力福島第1原発などの事故の賠償は、原子力損害賠償法に基づく。被害者が東電に請求すると、賠償の範囲や額を定めた原子力損害賠償紛争審査会（文部科学省）の中間指針に沿い、賠償額などが提示される。

被害者が賠償内容に納得できない場合、民事訴訟や裁判外紛争解決手続き（ADR）などの手段を取ることができる。

ADRを申し立てると、原子力損害賠償紛争解決センターが双方の当事者から事情を聴き、合意による解決を目指す。合意できなければ、民事訴訟の道が残されている。

このほか、最初からADRや民事訴訟で賠償などを請求することも可能。福島県浪江町の住民約1万4000人は、東電に町内全域の除染や慰謝料の増額を求め、集団でADRを申し立てた。訴訟も相次いでいる。

政策投資銀行員

「まず行動」で社会貢献

文・橋本卓典
写真・堀 誠

事業の継続力を格付け ホームレスの自立支援も

昼は銀行員、夜は大災害への対処法を研究する大学の研究者、休日はホームレスが選手のサッカー日本代表チーム「野武士ジャパン」の監督――。蛭間芳樹《ひるまよしき》(29)は「どれも本業です」と3種類の名刺を差し出して笑う。

途上国並み？

東京・大手町の日本政策投資銀行（政投銀）。2012年11月に移転したばかりのビル31階「環境・CSR部」が日中の職場だ。蛭間が中心となり昨年8月に改定した政投銀独自の防災格付け融資（BCM格付け融資）について、全国の企業から問い合わせが相次いでいる。

東日本大震災の教訓を踏まえ、これまで重視された建物の耐震性などの防災対策だけでなく、生産拠点の分散化や原材料調達、製品供給の能力など「事業継続力（レジリエンス）」に焦点を当てたのが特徴。被災企業の事業継続は、地域経済や雇用の安定に直結する。

ユニークな取り組みは注目を集め、講演依頼も多い。「企業は単に融資を求めているのではなく、客観的に足りない所や改善すべき点を評価してほしいと思っている。事業継続は経営課題そのものです」と意識変革に手応えを感じている。

ここ数年、世界経済フォーラム年次総会（ダボス会議）

日本政策投資銀行の「環境・CSR部」で働く蛭間芳樹＝東京・大手町

の危機管理に関する専門委員会に参加している。ここではBCM格付けを参考に、災害に対する国の危機管理能力を評価する方法が研究されている。「日本は防災先進国だが、レジリエンスの先進国ではない」と主張する。

「想定外」を研究

二つ目の仕事は、東京大生産技術研究所の「都市基盤安全工学国際研究センター協力研究員」。

埼玉県の小学校から高校までJリーグに憧れるサッカー少年だった。クラブチームのユースにも所属したが足のけがでプロを断念。都市計画や水環境問題に関心を持ち、東大工学部に進学した。

転機は大学時代の04年に起きた新潟県中越地震。小学生のころサッカー合宿で毎年訪れた十日町市が被災した。発生の翌日に現地に入り、友人と約1カ月半、ボランティア活動の傍ら、建物や道路の崩壊、行政の災害対応を調べた。

大学に戻ってまとめた現地調査のリポートが、学会発表で注目を集めた。「安全で持続可能な都市をつくりたい」と、大学院で都市レジリエンス工学の道に進んだ。

政策投資銀行員

国内外で大災害があればすぐに飛ぶ。08年の四川大地震や東日本大震災でも即座に現地入りした。東北では甚大な

サッカーの練習に集まった仲間たちと円陣を組む蛭間芳樹（左下）＝東京都新宿区

津波の被害、原発事故の影響を目の当たりにした。

「危機管理の専門家に『想定外』は許されない。首都直下地震や南海トラフの地震が起きた場合に、防ぎうる死や損失をゼロにする対策が急務です」。厳しい顔で研究室に通う。

空気は読むな

東京・中野駅にスポーツウエア姿の蛭間が現れた。路上生活者たちとの月1～2回のサッカー練習日だ。「ハルオが来ねえな」「就活かバイトですよ」「良かったじゃねえか」。うち解けた調子で選手と語り合い、健康状態や就職活動などをさりげなく聞く。

ホームレスが販売する雑誌などを通じて集まった20～60代の選手たちが、公園の一角で練習を始めた。蛭間は「仲間の動きを考えて」など指示を飛ばす。練習後は路上生活を脱した選手OBの自宅でキムチ鍋を囲んだ。

当初は長い路上生活で笑顔を忘れた選手もいた。今では全員が額の汗をぬぐいながら懸命にボールを追い掛けている。

蛭間はホームレスの支援活動を通じて「ホームレスW杯」の存在を知り、練習に参加。選手と交流するうちに「それぞれ偶然の事情で社会から外れ、戻るきっかけを失っているだけだ」と知った。

09年に野武士ジャパンの監督を引き受け、11年のパリ大会は最下位。12年の日韓戦も負けた。

だがチームの目標は、勝敗よりも、選手がやる気を取り戻し自立することだ。今や大半の選手が仕事を見つけている。

海外では有名企業がチームのスポンサーとなり、社会的責任として路上生活者の問題改善に取り組む。一方、日本企業の関心は極端に低く、海外試合の費用も外資系企業が出した。

「雇用問題を放置すれば、生活保護の急増につながり、社会全体のコスト負担は大きくなる。官も民も、もっと目を向けてほしいですね」

明日の国際社会を担うリーダーを選ぶ日本ユースリーダー協会の「若者力大賞」。第4回の13年、蛭間は歌手の平原《ひらはら》綾香《あやか》らと共に受賞した。

授賞式では妻子や野武士の選手らが見守る中、「日本を元気にするために、空気は読まず、主体的、具体的に動こう」と若者にメッセージを送った。

議論より、信念や哲学に基づいた責任ある行動。蛭間が走り続ける道だ。

事業継続計画

大災害に備え、企業が原料調達や生産・物流設備の確保など、事業継続のための計画を策定する動きが広がり始めた。

内閣府が2011年11月、5490社（有効回答数1634社）を対象に実施した調査によると11年度までに事業継続計画を策定した企業は大企業が45.8%、中堅企業が20.8%だった。09年度は大企業27.6%、中堅企業12.6%で、東日本大震災をきっかけに、いずれも増加した。

策定の理由は「危機管理の一環」が大企業、中堅企業でトップ。逆に未策定の理由は「策定に必要なスキル、ノウハウがない」だった。

東日本大震災の影響では「重要な業務が停止した」が35%。製造業、小売業の4割以上が業務停止したと回答した。1日以内に業務を再開した企業は1割程度で、5割超が1週間以上かかった。

助産師

大震災翌日、響く産声

津波迫る中、命を守る
残された亡き子の手紙

文・千葉響子
写真・金刺洋平

防災無線が、大津波の襲来を連呼していた。

2011年3月11日、宮城県塩釜市のいけの産婦人科小児科医院。東日本大震災の発生で、最上階の3階に避難した患者やスタッフら約50人は息を殺し、外を見つめた。

「津波が10メートル以上だったらアウトだ」。助産師で看護師長の青山幸恵《あおやまゆきえ》(53)は天を仰いだ。陣痛が始まった妊婦や、帝王切開の出産を終えて麻酔から覚めていない母親がいる。最も近い高台の避難所まで約500メートル。妊産婦や新生児を避難させるのは不可能だった。

残留

夜勤に備えて塩釜市内の自宅で仮眠していた青山は、強烈な震動で跳び起きた。長い揺れ。「津波が来る」と確信した。自宅にいた次男と自家用車で高台にある中学校へ逃げた。「お母さんは病院に行くからね」。こう言い残し、避難して来た坂道を歩いて下った。

海から医院までは370メートル。途中、すれ違う知人らが「津波が来るぞ。行ったら駄目だ」と制止する。「でも医療職として逃げることはできない」。自分は危ないかもしれな

生後３日の女児を抱く青山幸恵。母は実家に近い、いけの産婦人科小児科医院で出産した＝宮城県塩釜市

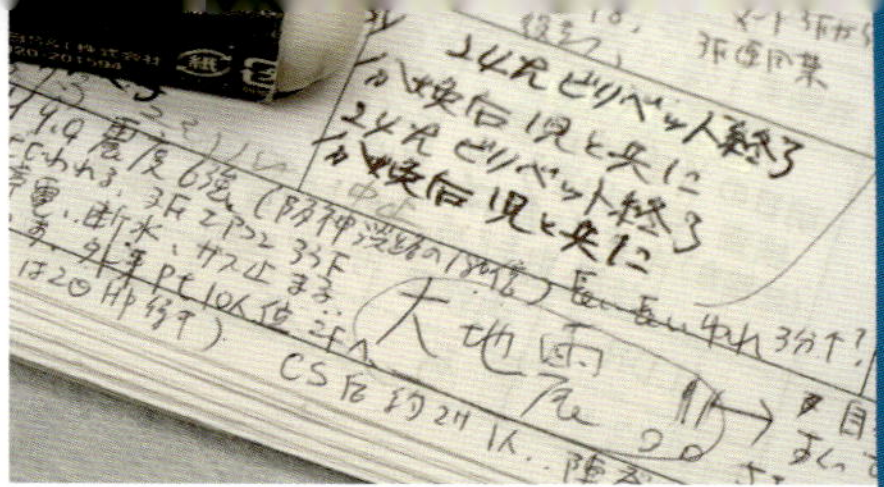

青山幸恵が勤務する宮城県塩釜市のいけの産婦人科小児科医院の日誌。震災当日の欄には「大地震！！」と書かれていた

い。次男に「さよなら」と言わなかったことだけが心残りだった。

午後3時すぎ、いけの医院に到着した。池野暢子《いけののぶこ》院長(68)の判断は速かった。「妊産婦を避難所まで歩かせるのは無理ね」。青山ら3人の看護師長がうなずく。日ごろの訓練に従い全員が2階へ避難していたが、3階まで移動した。

津波は何度も押し寄せてきた。高さ50チセンほどの濁流が医院前の道路を洗いながら、坂道をせり上がる。津波警報は夕方になって、解除された。

翌日未明、男の赤ちゃんの元気な産声が分娩《ぶんべん》室に響いた。

生命線

北海道帯広市で生まれ、道内で育った青山は「手に職をつけたい」と助産師になった。結婚後に転居した塩釜市は1960年のチリ地震津波で多くの死傷者を出した街。「また津波に襲われる」と、問題意識を持った。

いけの医院は、自家発電機を05年に導入。1台約1千万円だったが「ライフラインが寸断されても手術室や分娩室に電気を供給でき、医療機関としての生命線になる」と、池野が購入を決めた。翌年、宮城大の震災対策セミナーに出席した青山も重要性を再認識し、点検作業を続けてきた。電気を断たれ、医師や看護師はいるのに診療行為ができなかった病院も多い。「医療機関にとって自家発電機がどれだけ大切か、これからも訴えていきたい」。修羅場をかいくぐった青山の言葉の意味は重い。

絵文字

作田美和《さくたみわ》(45)は01年7月、いけの医院で次男樹《たつき》を出産した。長男出産後次の子に恵まれず、卵管の手術を繰り返した末、授かった子だった。

大震災当日。長男の中学校卒業式の謝恩会で、海岸近くのホテルにいた。小学校3年の樹から「家の前」と携帯メールが入った。「高台に逃げなさい」とメールした後、津波が襲い、以降、携帯はつながらなくなった。絵文字と共に「こわい、助けて」と書かれたメールが届いたのは、夜になってからだった。

翌朝、自宅に戻ると、玄関にランドセルが残されていた。樹の姿はない。「甲に爪が刺さるほど手を強く組み、無事を祈りました」。しかし、願いは届かなかった。約2カ月後、排水溝で遺体が見つかった。

自宅1階の家具類はすべて流されたが、冷蔵庫に貼っていた樹の手紙は不思議にも、あまり汚れずに残っていた。

「おかあさんへ　いつもありがとう。もう、うまれないっていってたけど、がんばってぼくをだしてくれてありがとう。ぼくは、かみさまの子だと思いました」

小学校の授業で母親に宛てて書いた手紙。不妊治療の末に生まれた樹を「奇跡の子」と慈しんで育てた母への感謝の言葉がつづられていた。

13年の夏、作田は出産しためいの見舞いのため、いけの医院を訪れた。樹の出産で長期入院した時に知り合い、その後、育児相談に乗った青山と再会。青山は泣きながら、作田を抱きしめた。

「自分のために涙を流してくれる人がいるのは本当にありがたい」と作田は言う。「いつか、天国の樹にほめてもらえるよう生きていきたい」

大震災の2カ月後、塩釜市の総合病院で働く千葉佳子《ちばけいこ》(54)が中心となり、周辺市町の助産師らが塩釜地区母子保健推進ネットワークを立ち上げた。災害時の連携だけでなく、定期的に会合を開き、震災で心に傷を負い、悩みを抱える母親たちの声に耳を傾けている。

「安心、安全で心に残るお産をお手伝いするのと同時に、女性のライフステージに合わせて、身近な立場からアドバイスするのが助産師の仕事だと思います」。青山は被災地で日々、新しい命の誕生に立ち会っている。

災害医療の新基準

厚生労働省は2012年3月、全国に600カ所以上ある災害拠点病院の指定基準を厳格化した。

東日本大震災の際、広範囲で停電が起きたことを受け、「通常時の6割程度の発電容量のある自家発電機等の保有」などを災害拠点病院指定の新たな要件とした。

また、災害派遣医療チーム(DMAT)の現地活動の長期化で食料や支援物資が不足したことを教訓に、1チーム当たりの活動時間を原則として48時間以内とすることをDMAT活動要領に盛り込んだ。

被災地の岩手県は、災害拠点病院が自家発電機を設置した際には全額を補助し、ベッドが20床以上の太平洋沿岸部の民間病院についても1000万円を上限に半額補助することを決めるなど、自治体レベルの取り組みも活発化している。

あとがき

「はたらく」の語源は、「はた」の人たちを「らく」にすること、という説がある。これは、池田勇人元首相が語ったため広まったとされるが、実は、単なる語呂合わせに過ぎないようだ。はっきりしているのは、「働」の文字が、「動」に人偏を付けてつくった和製漢字（国字）だということ。つまり、「はたらく」というのは元来、人が動くことを指しているのである。

本書を読まれた方は、ここに収録した50人が皆、心も体も生き生きと動かしながら、「これで生きる」と思い定めた仕事に取り組んでいる姿が目に浮かんだのではないかと思う。さらに、この人たちの職場や仕事を通して、いまの日本社会が抱える問題もまた、見えてきたのではないだろうか。

共同通信社は毎年、異なるテーマで通年の連載企画を配信しているが、16年前の1998年にも「しごと曼茶羅《まんだら》」というタイトルで、仕事と働く人々を取り上げた。

当時は、不良債権処理の失敗から大手金融機関が相次いで破綻し、景気が冷え込んだため、新卒者は厳しい就職活動を強いられ、就職氷河期ともいわれた。

就職をめぐる環境は、現在もあまり変わっていない。2008年9月のリーマン・ショック以降、景気低迷は続き、フリーターや派遣労働者といった非正規雇用者が増加した。最近は、新卒者を大量採用し、過酷な労働で次々と離職に追い込むブラック企業も問題化している。

だが、16年前とは大きく違う点もある。東日本大震災と東京電力福島第1原発事故という未曾有の大災害を日本が経験した、ということだ。

本書では「大震災と原発事故」の章を設けて、原発作業員や大震災当日に出産に立ち会った助産師ら6人を取り上げたが、これ以外にも「3・11」がいろんな分野に影響を与えていることに触れた。大震災以降、ライフスタイルを見直す子育て世代が増え、地方移住を支援するNPO法人への相談件数も増加した。傾聴を基本として心のケアに取り組む宗教者、チャプレンを養成する動きも活発化している。

通信社は、記事や写真を新聞社に配信するが、自身は新聞を発行していないので、読者と直接、触れ合う機会は少ない。しかし、「これで生きる」の連載中は、記事を掲載した新聞社を通じて、多くの読者の声を知ることができた。ある女性は、祝島の棚田を守る80歳の男性について「感動をいただき、元気をいただき、拍手しました。長生きされることを願っています」と、はがきに記し、別の女性は、女性法医学者の記事を読み「身動きできないほどひきつけられたのは、あまり記憶にありません」と、便せんに感想を綴った。

連載には、共同通信社の記者と写真映像記者、フリーフォトジャーナリストら計46人が参加した。書籍化に当たっては、株式会社共同通信社出版センターの清水孝、小池千尋両氏にお世話になった。

今回、単行本としてまとまり、新たな読者の方々に、働く人々の多様な姿を紹介できることは、連載企画「これで生きる」のスタートからゴールまで担当した者として、何よりうれしい。

2014年7月

共同通信社編集委員兼論説委員　藤原　聡

働《はたら》く！「これで生《い》きる」50人《にん》

発行日　2014年7月23日　第1刷発行
編　者　一般社団法人　共同通信社　
発行人　小林秀一
発行所　株式会社　共同通信社（K.K.Kyodo News）
〒105-0001　東京都港区虎ノ門2-2-5　共同通信会館2F
電話　03（5549）7603
デザイン　沖直美（MORE than WORDS）
印刷所　図書印刷株式会社

乱丁・落丁本は送料小社負担でお取り換えいたします。

※定価はカバーに表示してあります。
ISBN 978-4-7641-0671-0　C0030